人生の見え方が大きく変わる「対《つい》」の法則

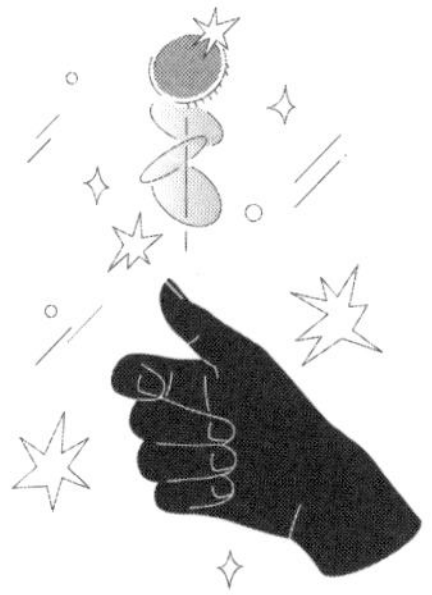

木下晴弘
Kinoshita Haruhiro

逆境を生き抜く「バランスマインド」とは

青春出版社

はじめに

この法則を知るだけで、あなたの人生は大きく変わる

春にならなければ桜は咲きません。柿の木に決して桃はなりません。このように自然には人間の力が及ばない法則が働いています。

私たち人間は紛れもなく自然の生き物です。だから人間も自然の法則に逆らうことはできません。時速5㎞で流れる川を、上流に向かって時速5㎞で泳いでも、あなたは1㎜も進むことはできないのです。

そして、この自然の法則は当然、人生にも影響を与えます。海に満ち引きがあるように、人生にも潮が満ちるときと引くときがあります。満ち潮のときは労力をかけなくても大抵のことがうまくいきますが、引き潮のときにはどんなに頑張っても、ほとんどのことがうまくいきません。

しかし、自然にはさらに**「始まれば終わり、終われば始まる」**という「循環の法則」があります。春が終われば夏、夏が終われば秋、秋が終われば冬、そして冬が終われば再び春が始まります。

雲から降った雨は川となって海に注ぎ、太陽熱で蒸発した海水は雲となり、再び大地に雨を降らせます。すべては循環しているのです。

つまり、**「引けば満ち、満ちればやがて引く」**はずです。それをしっかり認識していれば、人生が引き潮のときに腐ることなく、やがて来る満ち潮に備えることができ、逆に満ち潮のときに有頂天になることなく、やがて来る引き潮に備えることができます。

では、引き潮のときに、やがて来る満ち潮に備えて何をすればいいのでしょうか？
また、満ち潮のときに、やがて来る引き潮に備えて何をすればいいのでしょうか？

実はそれもまた、他の自然の法則を知っておくことで明確な羅針盤を手に入れることができるのです。

この自然の法則の中に「対《つい》の法則」というものがあります。この世の全事象は相対性の中にあり、対極の存在によって支えられているという法則です。

たとえば、夜空に上がる花火はとても美しく見えます。しかし、花火が美しく見えるのは背後に闇があるからです。もし背後が真夏の太陽なら、花火は全く見えないでしょう。

言い換えると、光を光と認識できるのは、闇のおかげだということです。闇を排除し、光の中だけで生きてきた者がいたなら、彼はそれを光だとは認識できません。こんな当たり前のことなのに、**私たちは人生になると、闇を排除して、光で埋め尽くそうとします。**

そうではないのです。闇は学びの宝庫であり、「光とは何か」を教えてくれる、愛あふれる存在なのです。

闇を直視し、逃げずに向き合うことで、初めてあなたは成長とともに光の存在を認識することができるのです。

このことが腑に落ちれば、人生における闇に対する感情を「怖《おそ》れ」から「感謝」へ、そして行動を「逃げる」から「向き合う」へ変えることも可能になってきます。

本書はこのように**人生に働く法則をまとめ、それを論理的かつ具体的に説明し、その時々であなたがどのような選択をすれば豊かな人生を歩める確率がアップするかを示した本です。**

それを教えてくれたのは、1万人ほどいる教え子たちでした。

現在、私は講演・人材育成の仕事をしていますが、かつて16年間、小学校4年生から高校3年生までを対象に受験算数、数学を教えていました。所属していたのは、超難関校への合格者を多数輩出している関西随一の進学塾でした。

誰もがうらやむ高学歴を手に入れて意気揚々と社会に巣立った多くの教え子ですが、ほどなくして彼らが直面したのは「高学歴」と「仕事の能力」はわずかな共通項を除いてほとんど別物であり、さらに、これらと「豊かな人生」は少しの相関関係はあっても、因果関係はないという事実でした。

野球がうまくなりたいのなら、まずは野球のルールを知る必要があります。同様に豊かな人生を歩みたいのなら、まずは人生に働く法則を知る必要があるのです。しかし、これは学校や塾で教えてくれません。

私がラッキーだったのは、この事柄を教えてくれた先輩や師匠との出会いという体験に加え、教え子たちの人生も垣間見ることができたということです。


人生は人の数だけ存在します。しかも、すべての人が輝ける原則は明確に存在します。それは、か弱き人間が遭遇するさまざまな問題に対して、どういう心構えで人生に臨めばいいか、とも言い換えられます。

この本では、私たちが日常直面するであろう課題を具体的事例として取り上げながら、人生の岐路に立ったとき、何を基準にしてどのような選択をすれば、実り多き人生を歩める可能性が高まるのかについて、私なりの考えをお伝えいたします。

本書が、あなたの「より豊かな人生」のために役立つことを心より願っております。

木下晴弘

目次

第2章 自分を磨く
――成長は「直線」ではなく、紆余曲折を内在させた「二次曲線」

第3章

目の前の人を喜ばせる

――「長所」は「短所」に支えられている

第4章 自分で自分のモチベーションを高める
――「続かない人」と「続く人」のちょっとした違い

第5章

転んでも立ち上がる勇気を持つ
――「幸」と「不幸」はつながっている

第6章

人間関係に悩むあなたへ

——嫌いな人・苦手な人があなたの中からいなくなる捉え方

本文図版・デザイン　岡崎理恵

プロローグ

豊かな人生を送るための2つの視点

人生にどのような法則が働くかをお伝えする際に、どうしても必要になってくる2つの視点があります。まずはそれを体得することをお勧めします。

この視点を持つだけでも人生は大きく変わってきます。

視点1 願望ではなく、自然の法則がどう働くかを考える

● 自然の法則に逆らうと、課題が生まれる

「はじめに」の冒頭でお伝えしたように、人間は自然の一部ですから自然の法則に逆らうことはできません。もし逆らうなら、さまざまな課題を覚悟する必要があります。

たとえば水は高所から低所へと流れます。逆らうならポンプが必要です。でも、それを造ろうとすると労力がかかる割に、引き上げられる水はわずかです。

自然に逆らうから課題が生まれるのです。

良いとか悪いとかではありません。メリットがあると判断すれば頑張るのは当然一つの選択肢です。ただ、覚悟がなければ挫折する可能性が大きくなります。

とくにこれが生命や人生に関わることなら、慎重に判断すべきでしょう。

たとえばマンゴーという果物は極寒の地では育ちません。これもどちらが良いとか悪いとかではなく、発芽条件と気候風土が合っていないからです。これは自然の法則です。

もし、それに気づかず、その種を何とか育てようとして、たとえば化学肥料などをやったりするとどうなるか。この時点ですでに自然の法則に逆らっているわけですが、それによって奇跡的に芽が出たとしましょう。

この植物は地中深くまで根が伸びません。伸びなくても肥料によって栄養をもらえるからです。

すべての植物は根が伸びきってから発芽します。

根が浅い段階で芽が出るこの植物は、地上から見ると成長速度が速くなったように感じます。しかし根が浅いのでとても弱く、台風が来ると簡単に倒れます。しかも弱いから病気や害虫に徹底的に狙われます。

すると今度は農薬をまく。メリットを探すなら収穫効率がいいということでしょうか。しかし、農薬が健康にいいわけがありません。天秤《てんびん》にかけたときにどちらを選ぶかは人それぞれですが。

さて、このように自然に逆らってできた果物は、数週間放置するとカビが生えて、腐って異臭を放ちます。

実は自然のものは腐りません。枯れるのです。秋になれば野山は腐らずに枯れます。だから腐るということは不自然であることの証左なのです。

根が深く張る土壌に置いてやれば、時間はかかっても自然と芽は出ます。

そして芽が出たなら、もちろん適度な日照時間の確保や水分補給等のサポートはあるとよいでしょうが、化学肥料や農薬などに頼らなくても、すくすくと育つはずです。なぜなら、すべての命は適切な環境下に置かれれば、自己免疫を身につけ、育とうとするからです。とくに根が深く張っていれば、暴風にも害虫にも負けることなく成長します。

これは自然の法則なのです。

これを人に当てはめてみましょう。その人本来の力が芽吹かないのは、才能の開花条件と家庭や学校・職場の組織風土が合っていないからです。もちろんどちらが良いとか悪いとかという問題ではありません。

ところがそれに気づかず何とか芽を出させようとして、なだめすかしたり、脅してみたり、昇給や昇格といったごほうびをちらつかせて懐柔したりと、いわゆる化学肥料を投入すると、見た目は芽吹いたように見えても、人間としての根が深くないため、とても弱い状態に成長します。

弱さゆえ、時として友達をいじめたり、逆にいじめられたり、少しのつまずきで立ち上がれなくなったり、さらに深刻なケースではゲームやギャンブル、ひいてはホストクラブや宗教に徹底的にのめりこんだりします。

それを見て、たとえば罰という農薬を与えたりすると、たとえ症状が収まったように見えても、今度はクスリに手を出したりしてしまいます。ここまでくると人生は壊れてしまいます。

このボタンの掛け違いを未然に防ごうと思うなら、そして、あなたがボタンの掛け違いに気づいたなら、とにかくこの自然の法則をたくさん知って、それを味方につける行動をとることです。

気づけば、あなたは真の豊かさを手に入れているでしょう。

視点 2 現象に惑わされず、本質を見抜く

●目に見えるものはすべて目に見えないものによって支配されている

たとえば、おでこにニキビができたとしましょう。膿《う》むとマズイので、薬を塗りま

した。するとニキビは消えます。でも、今度は頬にできます。また薬を塗ります。もちろん消えます。しかし、今度は顎《あご》にできます。さて、どうしてでしょうか？

この場合、ニキビは「現象」です。「本質」はニキビのできやすい体質に加えて食生活や衛生状態にあります。脂肪分の多い食生活を改め、体質改善に取り組み、ちゃんと洗顔することこそ治療の本質なのです。

もちろん、「現象」への対応は重要です。しかし、「現象」ばかり追いかけてしまうと、いつまでも形を変えて現れ続けます。「現象」に対応しつつも、一刻も早く「本質」に切り込まなければ人生はあっという間に過ぎ去ってしまいます。

ところが、始末の悪いことに「現象」は見えて変化するのですぐに気づくのですが「本質」は見えないだけでなく、なかなか変化しないので気づきにくいのです。

人生では「現象（目に見えるもの）」に惑わされず、常に「本質（目に見えないもの）」を見抜く視点を持つことで、限られた「時間」を味方につけることができます。ちな

みに「時間＝命」です。

では、どうすれば「本質」を見抜けるようになるのでしょうか。

その方法はただ一つ。目に見えるものはすべて「現象」だという意識を常に持ち、その裏にある「本質」は何か？　と考えようとすることです。

いくつか事例を挙げましょう。

たとえば水や氷は見えます。だから「現象」です。「本質」は空気で見えないですね。この訓練を続けていると、やがて「本質」が見えてくるようになります。さらに練習してみましょう。

会社に多数寄せられる（まともな）クレームは目に見えるから「現象」です。対応は重要ですが、そればかりだと、いつまでも形を変えて現れ続けます。

「本質」は多くの場合、クレームを生み出す組織風土にあります。これは「本質」だけあって目に見えず、なかなか変化しない。一刻も早くそこに切り込む必要があります。

車の購入を考えている人がいるとしましょう。車は目に見えるから「現象」です。では、その人が購入しようとしている「本質」は何だろうと考えるのです。優越感かもしれませんし、時間や空間かもしれません。家族との絆《きずな》やライフスタイルかもしれません。

相手によって答えは違うでしょうが、それを見抜くことができれば、自然と営業トークも変わってくるはずです。

数学の問題は目に見えるので「現象」です。「本質」は出題者の意図です。この「本質」を見抜けば、同じ意図から創られているすべての問題は、多少のバリエーションを知るだけで一網打尽なのです。

このように、目に見えるものはすべて目に見えないものによってコントロールされているのです。

しかし、多くの人が目に見えないものを軽視してしまいがちです。その意識を払拭《ふっしょく》するには数学が役に立ちます。

「数」と「数字」の違いを覚えているでしょうか？

「数」は概念です。概念は目に見えません。だから「数」は目に見えません。しかし、それでは不便なので、それを目に見える記号で表したものが「数字」です。だから数学とは目に見えないものを学ぶ学問なのです。これは代数学だけでなく幾何学にも当てはまります。

「点」とは「位置を示し、面積も体積もないもの」と定義されています。面積も体積もないものは見えません。そして「線」も同様に「幅のない長さという概念」ですから見えません。つまり、直角三角形は目に見えないのです。しかし、人間はこの直角三角形という概念を使って、リアルに存在する山の高さを計測してきました。

だから、見えないものを軽視してはいけません。真理から遠ざかってしまいます。

この2つの視点

視点①　願望ではなく、自然の法則がどう働くかを考える

視点②　現象に惑わされず、本質を見抜く

を持ちながら、豊かな人生を歩むための考察をしていきましょう。

まずはあなた自身を知る旅からです。よりよく生きるためには、まず自分自身を知っておく必要があるからです。

次に、あなた自身の自己実現のためにも、また、仲間や社会にプラスの影響を提供する存在になるためにも、あなたの人間性をどんな形に磨いていけばいいのかについて考えます。最後に、あなたが悔いのない生き方と幸福をつかむところまで話を突き詰めてみたいと思います。

それでは、これからしばしの間、私自身が直面してきた人生と教え子たちの人生から教わった気づきに合わせて、興味深い出来事を紹介しながら、そこから得られる人生の果実について一緒に考えてみましょう。

第1章

自分を知る

――「プラス」と「マイナス」は表裏一体

あなたの悩みの「裏」に隠れている〝本当の問題〟を知っていますか

当たり前のことですが、人生におけるすべての課題（現象）は突き詰めれば心の問題（本質）に帰着します。

たとえば、「子どもの成績が上がらない」という課題（現象）は、たいていの場合、勉強法や参考書を変えたり、信賞必罰を適用したりといった対応では解決しません。勉強に対する捉え方ややる気という心の問題（本質）に切り込まなければならないのです。

ところが、私たちは課題に直面すると、どうしてもやり方や環境といった現象面を変えようとしてしまいます。そして、うまくいかずに悩みます。

実は悩みごとはあなたの心が生み出しているということなのです。ちなみにこの「悩」という漢字は心が脳に働きかけている状態を表しています。

これは「経営がうまくいかない」「営業成績が上がらない」「何度もダイエットに失敗する」「頼まれごとをなかなか断れず困っている」「人間関係がうまくいかない」など、人生のシーンすべてに通じています。

だから、いくつかのやり方（現象）を試してみてうまくいかない場合は、心（本質）に切り込む必要があるのです。

この**「自分の生きぐせを知る」ということは、その課題を生み出したあなたの「心」が何を求めているのかを知ることなのです。**そして、それを求めるようになった原因を探ることなのです。

そのとき有効な方法は「なぜを何度も繰り返す」ことです。

たとえば、「人前で話すのが苦手だ」という課題を考えます。

「なぜ、人前で話すのが苦手なのか?」↓「あがってしまうから」

「なぜ、人前であがってしまうのか?」↓「多くの人に見られると緊張するから」

「なぜ、多くの人に見られると緊張するのか?」↓「どこを見られているかわからないから」

「なぜ、見られているところが不明だと緊張するのか?」↓「欠点を見られるかもしれないから」

「なぜ、欠点を見られるのが嫌なのか?」↓「カッコよく見られたいから」


もし、このようにたどり着いたなら、その人にとって「人前で話すのが苦手」という課題を克服する方法は「うまく話す練習をする」ことでも「場数を踏む」ことでもなく、「カッコ悪い自分を隠さない自然体が一番カッコいい」というマインドセットを行うことなのです。

しかし、このマインドセットが簡単ではありません。なぜなら、このマインドはあなたの記憶が届かない幼少期の原体験にそのルーツがあるからです。上記の例をさらに突き進めてみましょう。

「カッコよく見られたい」というマインドは、生まれた瞬間から持っていたのでしょうか？

そんなわけないですよね。ならば、これは誰の価値観でしょうか？　答えは明らかです。


あなたが幼少の頃、「この人に嫌われると生存できない」と感じた人（多くの場合、保護者）の価値観なのです。

すべての動物は独り立ちするまで「保護者に見放されると自分の命がなくなる」ということをDNAレベルで理解しています。

動物の赤ちゃんが（猛獣でさえ）かわいく見える理由はここにあります。かわいく見えれば愛され、捨てられる確率が減るのです。つまり、かわいく見えるのは赤ちゃんの生存戦略といえるでしょう。


話を戻しましょう。

もし、「カッコよく見られたい」というマインドが度を越えて、課題を生み出すほどであるならば、それは幼少期に「欠点があれば保護者から愛してもらえない」といったメッセージを強く受け取るような何らかの体験をした可能性が高いということです。

そして、この時期に染み付いた生きぐせは、年をとってもあなたの言動ににじみ出て、人生の課題を引き起こします。

あなたにとって、過去に保護者からつけられた「愛されるための条件」は何だったのか。そして、それはどのような言動によってつけられたのかを振り返る作業なくして課題の克服はありません。

もちろん、振り返ったところで克服できるかどうかはわかりませんが、少なくともはっきりとした原因がわかれば、それを払拭する言葉を常に自分に投げかけることができます。

前記の事例であれば、「人間なんて、みんな欠点だらけなんだよ」「欠点があるから成長があるんだよ」「欠点は逆から言い換えると長所になるよ」といったような言葉をことあるごとに自分に投げかけてみてください。

長い時間がかかるかもしれませんが、それを**続けることで少しずつ自分を正しく評価し、それがやがて自然体につながり、自己肯定感が生まれてきます。**

「敵を知り、己を知れば、百戦してあやうからず」といいます。この己を知ることはとても重要ですので、もう少し詳しく見ていきましょう。

その言動、「愛」からですか？「怖れ」からですか？

人間の言動は突き詰めれば「愛の床《ゆか》」か「怖《おそ》れの床」のどちらかからやってきます。

詳しくは「第6章　人間関係に悩むあなたへ」で述べますが、この「怖れの床」を創りだしているのが過去に保護者からつけられた「愛されるための条件」なのです。

たとえば、ボランティアという行為を考えてみましょう。

以前、斎藤茂太さんという精神科医の先生が、

「ボランティアで来る人の多くは、自分のイメージと違ったことがあるとすぐ辞めてしまいます。でも頑張る人もいます。そんな人で若い女性なら准看護師の資格を取るまで援助することがありました」

と言っておられました。

自分のイメージと違うとはどういうことでしょうか。


本来、労働には対価が発生します。プロの介護職員の方なら、対価が発生しなければ働けない場合も多いでしょう。生活がかかっているからです。しかし目的が自分の成長にある場合、対価がなくても不満はありません。

「私は、みんなに愛されて、自分でも十分そのことで満たされてきた。だから、みんなの役に立つと同時に、さらに成長したい」

こういう思いを抱いて行うボランティアのことは「奉仕」と言い換えることができるかもしれません。これが**「愛の床」からくる言動**です。

それに対して、「私は本当に必要とされているのか？　自分の存在意義が見えない。

その存在意義を自己認識するために人の役に立たなければいけない」とか「いい人だと思われたい」という考えでボランティアを行うケースがあります。

良いとか悪いとかではありません。ただ、この場合、相手から「ありがとう」の言葉がないと続きません。自分の存在意義を認識できないからです。

さて、ここから重要なことがわかります。

前者は満たされた自分であり、自分の存在を自分で承認できています。だから、何をやるにしても他人からの承認や評価をほとんど必要とせず、楽しんで取り組めます。楽しみながらの努力は挫折とは無縁で、継続性が高く、経済的豊かさに直結します。

この事実はハーバード大学「ポジティブ心理学」の研究結果です。詳細が書かれた書籍の表紙には『自分は幸せだ』と思える人ほどよい結果を生んでいる」（徳間書店刊『幸福優位7つの法則』）という文字が躍っています。

一方、後者は自分で自分を承認できていないケースです。この場合、他人からそれを受け取ることで自分を保つしかありません。

常に評価を気にしながら勉強や仕事に取り組み、その時々の結果や他人からかけられる言葉に一喜一憂します。

とくに相対評価を取り入れている学校や企業では、友人や同僚の成績や評価が気になって仕方ありません。勝てば歪《ゆが》んだ優越感に浸り、負ければ卑屈な劣等感にさいなまれるようになっていきます。

もちろん、他者との比較はプラスの側面もあるので否定するわけではありません。重要なことはバランスなのです。

あなたは他人からどんな言動をされるとうれしいですか？　逆に不快に感じる言動とはどんなものでしょうか？

自分自身に質問してみましょう。

ではなぜ、それをうれしいと感じ、なぜ、それに不快感を覚えるのでしょうか？

実はそこに「あなたが愛されるためにつけられた条件」が隠れているのです。

記憶が決して届かない、暗号化された幼少の頃の体験なのです。自分が本当に求めているものを探り、心の叫び声を聞いたなら、そのことを自己の内部で共有します。

「本当はこういうことを言ってほしかったんじゃないか？」
「これは、自分が傷つかないように平静を装っているけど、本当は死ぬほどつらかったのではないか？」

そうやって自分の内側にある根っこを認めたとき、はじめて自分自身の姿が明らかになっていきます。そして、それを自分自身で認識できたとき、はじめて解き放たれる「何か」があるのです。

ひとたび心が開けてきたら、今度は「自分は自分でいい」というメッセージを送り続けてください。

誰にだって愛されるためにつけられた条件があるのです。そして、もしそれがクリアできなくても、あなたを愛し、あなたの存在を喜ぶ人が必ずいるのです。

いや、むしろそれをクリアできないあなただからこそ、そこに人としての魅力を感じ、あなたとともに歩もうという人が必ずいるのです。

そうやって、本当の自分が少しわかってきたら、自分の目の前に課題が生まれてくる理由も理解できるようになってきます。

当たり前のことですが、私の前にアメリカ大統領の課題は出てこないのです。総理大臣の課題も出てきません。もちろん、あなたの課題も出てきません。

私を除く世界中の人たちを当てはめてみても、私の前にその人たちの課題は出てきません。ならば、私の前にあるのは誰の課題でしょうか？

そう、私の課題なのです。つまり、あなたの前にあるのは、あなたの課題なのです。

では、その課題と向き合うために最も重要なものは何でしょうか。

自己肯定感は「高い」「低い」よりバランスが大事

社会は、自己肯定感が不足している人たちで満ちているように感じます。何もしない限り、「あなたは素晴らしいですね」「あなたに感化されました」なんて言ってもらえる場面はほとんどありません。

「何か結果を残さないと認めてもらえない。でも、そんな力など持っていない。だから自分はダメな存在だ」。もしあなたがそう思っているのなら、贈りたい言葉があります。


覚えていますか？　あなたが生まれたとき、いったいどれほどの人が笑顔になり、どれほどの人が幸せを感じたことか。

「生まれてきた」ただそれだけで、あなたはすでに多くの人を幸せにしているのです。だから、あなたの存在自体が素晴らしいのです。これが歯の浮くようなセリフに聞こえるならば、あなたが今ここに存在している確率を考えてほしいのです。


あなたが生まれたときの世界総人口を仮に66億人としましょう。男性が約33億人、女性も約33億人です。

あなたが存在しているということは、あなたを生んだお父さん、お母さんがいる、もしくはいたはずです。自分の親を愛している人も憎んでいる人もいるでしょう。一緒に住んでいる人も、離別や死別で会えない人もいるでしょう。しかし、あなたが存在するなら、あなたを生んだお父さんとお母さんが存在することは覆しようのない事実です。

ところで、男性33億人の中から、あなたのお父さんが選ばれる確率はどれほどでしょうか？

言うまでもなく33億分の1ですね。

では、女性33億人の中から、あなたのお母さんが選ばれる確率は？

もちろん、これも33億分の1です。2人が出会わなければあなたは存在していないのです。

2人が出会う確率は？　33億の2乗分の1、なんと1089京《けい》分の1です。

1089京本のくじがあり、当たりくじはたった1本。さあ、あなたは一発で引き当てることができますか？

残念ながら、ほぼ不可能です。しかし、あなたは見事にそれをやってのけたのです。少しは自分の存在が奇跡的なものであると感じ取ってもらえたでしょうか。

あれこれ思い悩むのはそれでいい。でも、まず自分が素晴らしい存在であると信じてください。

あなたがこの世からいなくなれば、あなたの代わりはどこにもいないのです。だから、あなたはあなたでなくてはならないのです。

本当にそう思えたとき、あなたは誰にも媚《こ》びず、他人をうらやむこともない、自然体（飾らぬ自分）で生きることができます。

本来、すべての命は自然体であるべきです。なぜなら、すべては自然の一部なのですから。

自分の得意に磨きをかけることで感じる成長痛は心地よい痛みですが、そうではない苦痛は心身に想像以上の負荷がかかり、無理が生じます。無理すれば長続きはしません。

自分を飾ろうとすると、やがて理想の自分と現実の自分とのギャップにつぶされてしまいます。

自分のペースで成長すればいいのです。その途中で、誰もが何度もこけるのです。それでも再び起き上がり、マイペースで前に進むあなたの姿に、人は勇気づけられます。『火花』という小説で芥川賞を取った又吉直樹さんのエピソードからも自然体の重要性がわかります。

大阪生まれの彼は高校卒業後に上京し、吉本興業の新人養成所に入りました。彼の言葉によると、同期の数百人は芸人志望だけあって個性的な人が多かったそうです。髪形一つとっても、モヒカン刈りやアフロヘアなど少しでも目立とうとしている人ばかりでした。そして彼もまた、本来そういうタイプではないのに頑張って明るく振る舞っていたそうです。

ところが、ある日、講師に「きみ、無理しているだろう」と見破られます。さらに別の講師には「若い芸人は明るさと清潔感とわかりやすさがなくてはいけないが、お前にはそのすべてがない」とまで言われたそうです。

こんなこと言われたら心が折れますよね。又吉さんも自虐的に「自分は暗くて不潔でややこしいから」と語っています。

ところが、明るく元気で個性的と思われた同期生も夏休み前には半分近くが辞めてしまったのです。

なぜ､彼らは辞めてしまったのか。又吉さんは「彼らは自分に対する期待が大きかったのではないか」と言っています。

では、又吉さんはなぜ辞めなかったのかといえば、「自分の現状はこの程度のレベルかもしれない」と冷静な認識を持っていたからだそうです。

あれっ？　これって、自己肯定感の低い状態じゃないの？　って思いますよね。でも、ここが重要なところです。

自己肯定感を持つときに大切なことはバランスなのです。

低すぎると「どうせ自分なんて誰も認めてくれはしない」と決めつけてやけになってしまったり、それを満たしてくれる誰か（何か）のめりこんだりしてしまいます。逆に高すぎると現実との乖離《かいり》に苦しむのです。

自然体とはあるがままの自分を認めることなのです。ですから、又吉さんは自分を信じつつ、自分を疑うことが必要だと言っています。

彼は売れっ子になるまで決して順風満帆とはいえませんでした。「排水溝をいつまでもじっと見つめている時間があった」と述べています。でも、彼はあきらめませんでした。

そして又吉さんは誰もがするであろうこの体験を、もがきながらも乗り越えてほしいとエールを送ります。

この**バランスのとれた自己肯定感を持てば、課題にぶち当たって人生に迷いながらでも、それを楽しむことができるようになります**。そして、それを続けていくことで、あなた自身がどんな存在であるかという輪郭が見えてくるのです。

さて、輪郭が見えてくると、それをさらに深く掘っていきましょう。少しずつでいい。毎日会社に通いながら、掘り進めていくという感覚を持ち続けるのです。多くの人がこれをやらずに人生を過ごしますが、幸せな人生を送った人は、必ずどこかのタイミングで自分と向き合う経験をしています。どうせやるなら、今やりましょう。「自分とは何者なのか?」「こういう自分になった理由はどこにあるのか?」。自問自答を続けてください。そうやって行きついた先に本当のあなたがいるのです。

さて、その本当のあなたが課題にぶち当たったとき、重要なことは何でしょうか。それは、その課題をうまくクリアしようとすることではなく、全力で立ち向かうことなのです。

「完全」な人間などいない。「不完全」な自分でいい

故・岡本太郎さんをご存じでしょうか。大阪万博の「太陽の塔」制作でも有名な画家さんです。

彼の趣味は野球でした。所属していた文人チームはとても弱く、試合をするといつもボロ負けだったそうです。

しかし、その中でただひとり、どんなにチームが負けていても、始終チームメイトを大声で叱咤《しった》激励している人がいました。それが岡本太郎さんです。

チームのメンバーは全員「真似ができない」と感服していましたが、太郎さんは**「勝**

ち負けなどどうでもいい。ただ、どんな場合でも全力を尽くすのみ」と言ったそうです。

「置かれた場所で咲く」という言葉がありますが、まさにこの状態です。しかし、多くの人は場所を選ぼうとしてつまずきます。これは生きるうえでの課題と言い換えることができるかもしれません。

課題は、立場や環境ではなく、人についてきます。これは自然の法則です。

だから、仮にあなたが社内の人間関係に悩んで転職したとしても、新たな組織で必ず形を変えて人間関係の課題に直面します。なぜなら、先述のように目の前の課題は環境によるものではなく、あなた自身の課題だからです。


人は往々にして、困難な状況を回避するとき、環境を変えようと考えますが、課題は自分自身と向き合わない限り、決して本質的な解決に至らないものです。

そのために、まずは不完全な自分の存在を完了させてあげましょう。


「完全な人間などいない。不完全な自分でいい」

決して投げやりな意味ではなく、そう自分を笑い飛ばせたとき、前を向いて歩いていこうとする〝らしさ〟が、あなたの中からふつふつとわき上がってくるでしょう。それがわき上がってきたなら、再び目の前の課題と向き合ってください。解決できなくていい。でも、決して逃げてはいけません。一度逃げると、人間は逃げることが癖になります。

人生では苦しい出来事が何度もやってきます。その中にはどうしても逃げられない課題が潜んでいます。言い知れぬ恐怖心があなたを襲ってきます。

そのとき、それに立ち向かう**勇気をくれるのは、他人からの励ましや美辞麗句ではありません。あの日あのとき、決して逃げなかった自分なのです。**

「自分はあのとき、課題から決して逃げなかった。それで今がある。だから今回も大丈夫だ！　自分なら、必ず突破できる！」

と自分が自分に与える全幅の信頼だけが、課題に立ち向かうパワーをくれるのです。

だから、命の危険があるようなときは別として、多少苦しい出来事に遭遇しても決して逃げないでください。

それを続けていると、逃げない自分が誇らしく思えてきます。自分への存在承認、つまり、自尊心は自分の理想に忠実に生きることで生まれるのです。

そうやってありのままの存在を認められたとき、人はもっと自分にできることで周りの役に立とう、もっと自分を向上させようと夢中になります。

不完全であるあなたの存在そのものを承認できれば、自分にも周りにも「こうあらねばならない」というものを求めなくなります。

すると、不思議なことに「こうなったらいい、こんな結果を手にしたい」といった想いが実現し始めるのです。

なぜなら、不完全な自分を承認することで、人生の課題と向き合い、克服していくことができるからです。

でも、これを実現していく中であなたに与えられる最高のごほうびは、お金や地位といったやがて消えゆく運命にある、目に見える現象ではありません。

人として生まれてきたことを心から感謝できる究極の豊かさなのです。

それは何でしょうか？

「利己」の愛と「利他」の愛、どちらで生きるのが幸せか

利己心の塊《かたまり》で多くの者から搾取し、使いきれないほどの富を蓄え、絶大な権力を手に入れた人間がいたとします。彼は大声で叫びました。

「さあ、俺を愛せ！」

なんとむなしい言葉でしょうか。どんなに財宝を用意しても、どんなに力で脅しても、真実の愛だけは手に入れられないのです。

もちろん、その財宝や権力を目当てにうわべの愛を語って寄ってくる者はいるでしょう。しかし、そこには人間的な輝きに対する敬意などは欠片《かけら》も存在しません。

つまり、財宝や権力の消失とともに消える愛、これを「欲望」といいます。

「幸せな人生＝成功（お金や地位を得ること）」……。

そう思っている人がたくさんいます。そういう社会において「あの人は成功しているね」と言われる場合、それは経済活動によって生み出されるお金や得られる地位、あるいは社会的に見た影響力の大きさに対する称賛です。

それはもちろん素晴らしいことです。

一方で、この評価軸では、経済活動からでは手に入れられない「他から愛される人間としての輝き」というのは測れません。

そしてその輝きをつかむことができるのは、歴史的に見て例外なく「他を愛した者」です。なぜなら、人間は「返報性の原理」に支配された生き物だからです。

これは心理学用語で、与えられたものをそのまま返そうとする心の働きのことです。

たとえば、あなたが「信頼される」リーダーになりたいと思えば、さまざまな努力をする前に、まず、あなたが部下を信頼することです。この「返報性の原理」はあなたの人生の豊かさに直結するので、今後、本書のいたるところでお伝えします。

さて、「他から愛される人間」は「他を愛した者」と言いましたが、「他を愛する」

ことができる者はまず「自分を愛する」ことができる者です。ないものは与えられないからです。

ところで、ここでいう「愛」とは、どんなときも居心地よく、いつも光に満ちあふれ、常に癒されるといったきれいごとではありません。

「愛」は時に拒絶し、時に闇を与え、時に挫折を強要します。しかし、その根底には「相手に真剣に関わり、相手の成長を心から願う」という熱き想いが流れています。

人間として生まれた自分は、他の支えによって生きていられるのであり、同時に、自分も他を支えている。今の境遇に感謝しつつも、さらにお互いの成長を目指す。そのとき、自分を生かしてくれるこんなにも愛すべき存在がたくさんあると気づくのです。その気づきによって、あなたの人生は至福に包まれるでしょう。そこに理由はありません。

でも、**多くの人が自分のことで精いっぱいです。それは結果的に「今だけ、自分だ**

け、お金だけ」の人生につながり、最終的に自分に還《かえ》ってきます。

どれだけ「愛の床」からの言動を発することができるか。これこそが人生最大の課題。それをクリアするために積み重ねる努力が、あなたの人間的成長を約束するのです。

そのために、ぜひ培ってほしいことがあります。

「今日」種をまいて、「明日」実を結ぶ植物はない

最近、「努力が報われるとは限らない」という言葉をよく耳にします。

この言葉を口にするとき、多くの人は「報われる」という状況を「その瞬間、自分にとって都合のいい結果を手に入れる」ことだと定義しているのではないでしょうか。

しかし、たとえそのとき都合のいい結果を手に入れたとしても、それが本当に自分の人生にとって「プラス」だったのか、「マイナス」だったのかなど、死ぬときにしかわからないことです。

だから、この言葉はあまりにも「今すぐ、自分だけ」の思考が形になったものだと思います。

今日種をまいて、明日果実を収穫できることなどありえません。

それと同じで、努力しても、そのとき思い通りの結果にならないことは当然あるでしょう。

しかし、努力を続けることで、あなたは確実に成長します。この成長は決してあなたを裏切らないのです。

そして、あなたが努力する姿は、それを見る者に勇気を与えます。

あなたの姿から勇気をもらった人がひたむきに行動する姿を見て、別の誰かも勇気をもらうのです。そうやってこの社会が動いているといっても過言ではありません。

その始まりがあなたの行動であったなら、それは報われたことになるとは思いませんか？

焦る必要などありません。そのとき結果が伴わなくても、力をため続けてください。

開花するときが来ます。必ず来ます。

「手放せば手に入り」「与えれば返ってくる」自然界の法則

さて、ここまでいくつかの自然の法則をお伝えしてきましたが、少しずつテーマにしてまとめていこうと思います。
まず、社会に巣立つ教え子が「はなむけの言葉」を求めてきたときに、最重要法則として伝えていたものです。

「自然は独り勝ちを許さない」

先ほど「バランスのとれた自己肯定感」の重要性をお伝えしましたが、まさにこのバランスこそが豊かな人生のための最重要キーワードなのです。

何らかの理由で草食動物が増えたとします。

しかし、この現象がいつまでも続くことは決してありません。なぜなら、多くの草食動物に食べられることで当然、植物は減少していきます。

餌としての草食動物を捕食する肉食獣は結果的に増加します。食料が減少し、敵が増加するので、やがて草食動物の個体数は減少に転じます。

ところが、この現象もいつまでも続かない。今度は植物が増え、肉食獣が減るからです。

このように自然界は決して独り勝ちを許さず、バランスをとる方向へと自ずと調整するようにできています。

人間は自然の一部なのでこの法則は人間界も支配します。つまり、人間の世界でも独り勝ちは許されず、バランスがとられる方向へと物事は推移するのです。

これまで世界のほとんどの独裁者は、決して栄華の時を長く保つことはできず、悲惨な末路をたどるのが普通でした。

織田信長、ルイ16世、ナポレオン1世、アドルフ・ヒトラー、フェルディナンド・

マルコス、チャウシェスク、ポル・ポト……。この法則を知っていると、歴史を大局で読み解くことができ、未来を見通す眼力が培われます。

体温が上がれば発汗し、体温を下げる機能が働くのです。

身体の中では、興奮させ活性化させる交感神経と、休ませ、穏やかにする副交感神経がバランスよく働くことで、「ホメオスタシス（恒常性）」を保とうとしています。**人間の世界では、「昇りつめれば下る」しかなく、「手放せば手に入り」「奪えば奪われ」「与えれば返ってくる」という道理が働くわけです。**

真の豊かさを手に入れる者たちは、例外なくこの法則の働きを受けています。

つまり、幸せになりたければ、まずそれを与える側に立てばよいのです。

逆に**この法則を知らないと、どうしても他に幸せを与えることよりも、自分に幸せを呼び込むことを優先します。**最初はうまくいったとしても、それはいつまでも続きません。自然は独り勝ちを許さないからです。

この法則をどのように人生に活かすかはあなたが決めることですが、何かを行うときには、このバランスの重要性を念頭に置いておくことをお勧めします。


遊びだけを追求すると堕落します。しかし、勉強しかしない人生も大きく歪むのです。全く稼がなければ当然問題が生じます。でも、稼ぎすぎても課題にまみれます。欲望に走りすぎれば破綻します。でも禁欲に走りすぎても破綻が待っているのです。

これはあらゆることに通じます。

過食も少食も課題を招くのです。

自由だけでも、束縛だけでも歪みが生じます。

緊張が強すぎるのも不幸、弛緩《しかん》しすぎるのも不幸といえます。


すべては「バランス」の中に最適解があります。


仕事においても同じです。

「何としても結果を出す」という強い気持ちと同時に、「ダメならダメで仕方ない」

と開き直る気持ちを併せ持つことでバランスがとれます。

そのバランスの中で自らの成長を楽しみながら実現していくライフスタイルはいかがでしょうか。

第②章

自分を磨く

――成長は「直線」ではなく、紆余曲折を内在させた「二次曲線」

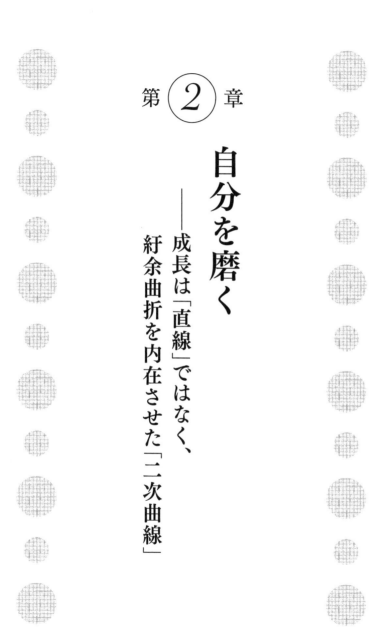

「不得意」より「得意」を伸ばせ

この章では、あなたという素材をどういう形で磨いていけばいいのかを考えたいと思います。

「人は誰でも、生まれてきたからには何か役割を持って生まれてきている」ということをご理解いただけるでしょうか？

「自分には、そんなものがあるとは思えない」という方もおられるでしょうから、そのことをお伝えしたいと思います。

まず、前にも述べましたように、自然は調和がとれています。

調和とは、辞書によれば「全体の釣り合いがとれ、整っていること」です。これは自然には無駄な存在がないことを意味します。

そして人間は間違いなく自然の一部です。ならば、人間にも無駄な人間など一人もいないわけです。**無駄な人間がいないということは、一人ひとりに生まれてきた役割があるということ**です。

さて、役割とは「周りの役に立つから役割」と呼ばれます。

人間は苦手なことで周りの役に立つことはできません。ならば役割は得意分野の中にあるということです。

まず、あなたの得意分野に一刻も早く気づくことです。そして、その得意分野を徹底的に磨くのです。

すると、より高次元で、より多くの人の役に立つことができるようになります。

周りの役に立てば周りは喜びます。あなたから喜びを提供された人は、あなたに「何かお礼をしなくては」と、その対価を支払おうとします。

これが「返報性の原理」です。その喜びはお金や感謝や信頼という対価になってあなたに返ってきます。それが積み重なり、やがてあなたはかつて欲していたすべてを手に入れることになります。

幸せな成功者は必ずこのルートで豊かな人生を手に入れており、これには例外などありません。

つまり、成功の真の定義は「自分の役割に気づき、それを全うすること」なのです。もし、このルートから外れた形で豊かさが手に入ったなら、それはやがて失われる運命にあります。

たとえば宝くじで大金を得ることがあっても、競馬でビギナーズラックを得たとしても、決して豊かさは長続きしません。なぜなら、「人間力」という裏打ちのないお金だからです。

「悪銭《あくせん》身につかず」という言葉がありますが、お金に良いも悪いもありません。この言葉の本当の意味は「人間力が伴わない状況で手に入れた大金は、結局その人の人生を豊かにはできない」ということなのです。

アメリカでは宝くじの高額当選者の悲惨な末路がごろごろ転がっています。これは当選したことが悪いのではなく、たまたま大金を得てしまった人の人間力が、まだそれにふさわしいものではなかったということです。

一方、自分の不得意なことで周りの役に立つ行為をしようとしても、それは続きません。

また、周りが喜ばないことでお金を稼ぐと、当然、感謝などされるはずがなく、いったん手に入ったお金もやがて消失します。

なぜなら、苦痛を強いられた人の中に、あなたを貶《おとし》めようとする人が出てくるからです。ここにも返報性の原理が働きます。


さらに深掘りしてみましょう。得意なことで周りの役に立とうとしたとたん、「棚ぼた」のような形でお金を手に入れ始めたとしましょう。しかし、お金のパワーが絶大で、やがてそれに目がくらんでしまうとどうなるでしょうか。

たまたま人から勧められて買ったＩＴ関連の株が大化けして大金を握ることもないとはいえません。

将来ジャーナリストになろうと夢見ていた若者が、安易につくった映像をユーチューブに投稿したら思わぬヒットで大儲けして、本来目指していた道を忘れてしまうといったこともあるでしょう。

つまり、いつしか自分の役割を果たすことを忘れてしまい、お金儲けに走ってしまうというパターンです。

このときも、しばらくは過去の蓄積のおかげですべてが手に入るように感じますが、それが底を突くと転落が始まります。

得意分野を徹底的に磨く前に時流に乗ってしまい、自らの人間性の成長速度を超えて思わぬお金を手に入れる場合もあります。このときも、やがて自分の人間的成長に応じた状態になるまで、手に入れたものを吐き出すことになります。

なぜなら、成長がついてきていないと、富に飲み込まれてしまうからです。これは会社組織にも当てはまります。

つまり、「社員の人間的成長」の速度を超えて会社が「真」の成長をすることは物理的にありえないということです。

もし、それが起こったなら、その会社はどこかで破綻します。そして社員の成長は、社長の成長でしか測れません。だから、就職先を選ぶときに重要視すべきことは、その会社の代表者の人間性です。

昔ならパナソニックの松下幸之助さん、ホンダの本田宗一郎さんなどはお手本となる経営者といえるかもしれません（もちろん、そんな彼らでもバランスはどこかでとれていたはずですが）。

ここで、こんな質問が出るかもしれません。

「自分の役割に気づき、それを磨いて周りを幸せにしたにもかかわらず、周りから何も返ってこない場合もあるのではないですか？」

確かにそうですね。短い目で見れば、それはよく起こることです。しかし、長い目で見ればありえません。

なぜなら、自然には「同種群生の法則」があるからです。

植物は成長に適した気候風土がそこにあるなら、その種が群生するのは当然ですし、動物は繁殖や捕食に有利であるという理由で群生します。

これは人間にも当てはまります。「類は友を呼ぶ」ということです。

あなたの周りに集まるのは、自然にあなたを理解し、信頼する人で埋められていくはずです。

人は「望むもの」ではなく、「同種のもの」を引き寄せる

余談ですが、恋は盲目とはよく言ったもので、好きになれば相手の真の姿が見えなくなりますよね。そんなときは、相手の友人を見てください。

「私の彼（彼女）は本当に素敵。でも、彼（彼女）の友達の人間性は大嫌い。どうしてこんな素敵な人に、あんな友達がいるのだろう？」

もし、あなたがこんなことを思ったなら要注意です。なぜなら、彼（彼女）と友達はまず間違いなく同種だからです。

これはビジネスにも適用できる法則です。

信頼できる人から紹介された人は、まず信頼できる人です。そして逆もまた成立します。

さて、ではなぜ、これが先ほどの質問の答えになるのでしょうか。

あなたが「自分の役割に気づき、それを磨いて周りを幸せにしたにもかかわらず、周りから何も返ってこない場合」とは、たまたま奪うことを習い性としている人が周りにいたということです。

しかし、そのような人は同種を引き寄せて、やがて奪い合いの人生が始まります。それでもあなたが周りを幸せにし続けると、何が起こるでしょうか。

やがてあなたも同種を引き寄せ始めるのです。

気がつくと、あなたの周りには「周りを幸せにする人」が群生するようになり、長い目で見れば、あなた自身にも多くがもたらされることになるのです。

私たちはこのような仕組みの中で生きているゆえに、返報性の原理が成立するのです。

「人に与えたもの」は、必ず「自分に返ってくる」

これまでお伝えしてきた返報性の原理に関して、2つのエピソードをお伝えしましょう。

エピソード1　日露戦争で松山市がしたこと

明治時代に、当時の大日本帝国とロシア帝国の間で勃発した日露戦争。実は、この戦争において、今なお語り継がれている人間としての在り方を考えさせられる出来事があります。

激しい戦いの最中、ロシア兵の捕虜を収容する施設が全国に設けられました。敵国の捕虜収容所といえば、それはとても厳しい環境だったでしょう。

しかしながら、四国の愛媛県松山市の捕虜収容所は、少し様子が違っていたそうです。当時、県民に対しては次のようなお達しが出されたのです。
「捕虜といえども、罪人ではない。ともに祖国のために戦ったことに敬意を表し、また戦いに敗れた心情を思いやり、侮辱するようなことは決してしてはならない」

そしてこの言葉通り、松山に集められたのべ6000人のロシア兵たちはまさかの歓待を受けることになります。

まず朝食はロシア兵たちの好みを考慮し、バターを添えたパンとミルクティーが、さらに昼食はパンとスープだけでなく玉子付きのカレーライス。なんと夕食にはカレーライスに変わり、タンカツレツが提供されるという厚遇ぶり。しかも道後温泉への入浴は自由、特に将校クラスの兵士たちは外出も許可されており、これはもうおもてなし以外の何物でもなかったそうです。一般市民もそんな彼らと温かく接し、さまざまな交流が生まれたといいます。

ロシア兵たちはどんなひどい扱いを受けるものかと覚悟していたはずです。ところが実際は「戦いは戦い」として、それ以外の場では人間としての温かく気高い振る舞いをする日本人のやさしさと武士道精神に触れることになったのです。やがて家族を呼び寄せようとするロシア兵まで出てきました。

この噂がロシアの最前線の兵士にも伝わり、なんと自ら「マツヤマ！」と叫んで投降する兵士までいたそうです。

日本の、そうしたロシア兵に対する振る舞いは、思わぬところにも影響を及ぼします。当時、世界最強で泣く子も黙るといわれたバルチック艦隊を、東郷平八郎のすぐれた作戦によって破ったことは有名ですが、その勝因の一つには、松山市の対応があったと言われているのです。

バルチック艦隊は、リバウ軍港を出港し、アフリカ喜望峰を回る7カ月もの航海をして日本を目指していました。

燃料補給のために寄港を繰り返さなければなりません。

ところが、「戦う相手国の兵士にまで敬意を示す尊敬できる国、日本を滅ぼそうとするような国の兵士は上陸させられない。燃料を補給したらさっさと立ち去ってくれ」

と、寄る国々の港で上陸を断られていたのです。

当然、兵士たちは疲労困憊《こんぱい》し、健康状態も最悪。やっとの思いで日本海に到着したときには乗員の士気も低く、とても戦える状態ではなかったといいます。

戦争の是非ではなく、ここでお伝えしたいのは、与えたものが返ってくるということです。

情けは人のためならず——このことわざと同じような意味の格言は、世界の国々にもあるのですから、国境も時代も関係ないと思われます。

エピソード２　最後のヨットレース

誰の助けも借りず、たった一人でヨットを操り、一度も港に寄ることもなく世界一周を目指す。世界で最も孤独で過酷と言われるのが、フランスの単独無寄港世界一周ヨットレース「ヴァンデ・グローブ」です。

「海の男かぁ、カッコいいなぁ、ロマンがあるなぁ」

はじめてこのレースの存在を知ったときには、自分が出るわけでもないのに勝手な想像を膨らませていましたが、次の話を聞いたときに、そんな甘いものではないことを痛感しました。

4年に一度のこのレースは、世界中のヨットセイラーにとって憧れの舞台。しかし、数カ月にも及ぶレースに耐えるには、技術はもちろん、強靱《きょうじん》な肉体と精神、さらに莫大な費用が必要で、参加することそのものが挑戦になります。

1996年に開催された「ヴァンデ・グローブ」に優勝候補と目されるある男がエントリーしていました。

彼の名前はピート・ゴス（当時35歳）。

イギリスの元海兵隊員で、レースに参加すべくスポンサー探しを続けましたがうまくいかずに、働きながらお金をためて、家を売り、8万ポンドの借金まで背負いながら十年来の夢に挑んだのです。

資金不足のピートの愛艇は、全参加者の中でも極めて小さなヨットでした。それでも卓越した技術と体力で、順調に帆をはらませて進んでいました。

フランス西海岸からスタートし、南太平洋を進んでいたある日、彼は救助信号を耳にします。

無線にかじりつくと、参加者のひとりフランス人のラファエル・ディネリ（当時28歳）の消え入りそうな声が聞こえてきたのです。

ディネリのヨットは、暴風雨の中、転覆し、帆柱（マスト）が折れて航行不能の状態。膝まで浸水し、沈没寸前でした。

すぐさま大会本部と連絡をとったピートですが、どの艇も離れていて一番近いのが自分の艇だということがわかりました。

近いといっても２００キロもの距離を戻らなければなりません。しかも現場までの海域は嵐――。

このままゴールに突き進めば、もちろん入賞も夢ではない。しかし、同じ海を愛する仲間を見捨てられるはずがない。

ピートは決心するやいなや、全速力でディネリの元へ向かいました。

彼を救助したのち、そこから最短距離の港に向かって12日間もの間、ピートはヨットを操りながら、低体温で脱水症状のディネリに4時間おきに熱いスープを飲ませ、必死に介抱しました。

そのかいあって、ディネリはオーストラリアの病院に運び込まれ、一命を取り留めたのです。

ピートはそこからレースに戻りますが、救助のためとはいえ「無寄港」というルールに反したために、すでに失格。

大幅に遅れて5位でフランスの西海岸にゴールインします。

そこから彼は同じフランス西部の出港地であるレサーブルドロンヌへ戻るのですが、港に近づくにつれ、上空にはたくさんのヘリコプターが飛び交い、異様な歓声が聞こえてきます。

訝《いぶか》る彼の目に飛び込んできたのは、レース優勝者が帰港したときの2万人をはるかにしのぐ10万人の大観衆によるピート・コールと、「偉大なるピートが帰ってきた」という横断幕やイギリスの国旗でした。

ピートはレースで入賞することはできませんでしたが、ヨットマン・オブ・ザ・イヤーや勲章まで受章することになりました。

さらに、レースを支援するスポンサーが続々と名乗りを上げてきました。

ディネリとも強い絆で結ばれ、２人で名門レースにも出場できるようになったのです。

「小」を積めば「大」となる

このように自らが与えたもの、惜しげもなく与えた愛ある行為は、すべて自分に返ってくる。これは人類普遍の原理です。もちろん他に与えた苦痛や憎悪も同じです。

肝に銘じておくべきことは、継続しないと実感できないということです。

たとえば「善行」を施しても、最初は返ってこない場合が多くあります。

とにかくそれを習慣にして続けるのです。気づいたときにはとんでもない形で返ってきています。

二宮尊徳はこの普遍の法則を**「積小為大《せきしょういだい》」**と言いました。

「大きな事象は初めから大きかったのではなく、小さな事象が積み重なってそうなる」という意味で、まさにこれも自然の法則です。

「小さなことを積み重ねることが、とんでもないところへ行くただ一つの道だと思っています」といった元大リーガーのイチローさんの言葉からも、これこそが成功への道であることがわかるでしょう。

しかし、これは「悪行」にも当てはまるのです。

最初はバレないことの方が多いでしょう。これで味をしめた愚か者は「悪行」において「積小為大」を実行します。気づいたときには、もう取り返しのつかない状況になっているのです。

幼少の頃「いたずら」がバレたときに「ついてない」と思ったことはありませんか？大間違いです。取り返しがつく段階でバレたということは、めちゃくちゃ「ついている」のです。

ところで、「日露戦争」と「ピート」のエピソードで意外なことに気づいたでしょうか？

それは与えた相手とは別の相手から返ってきているということです。ここも重要ポイントです。

私たちは「与えた相手から」「一定時間内に」返ってこないと、「返ってきていない」と感じて損得勘定がわき起こる生き物です。

そして、それが「善行」なら「損した」と勘違いして続きません。逆に「悪行」なら「得した」と勘違いして、二匹目のどじょうを狙いにかかります。

これに関してもわかりやすい事例を挙げておきましょう。

被災者（Aさん）を必死で救助している人（Bさん）がいたとしましょう。

でも、なかなか助けられなくて、さらに困難な状況になってきました。このとき、自分が彼らを助けられる立場であれば、あなたはどうしますか？

おそらくお手伝いするでしょう。BさんがAさんに与えた善意の行動は与えた相手からではなく、第三者のあなたから返ってきているのがわかりますか？

社長からいじめ抜かれ、大切にされなかった営業マンがいたとしましょう。

この営業マンは、お客さまを心から大切にできるはずがありません。

そして営業マンから大切にされなかったお客さまは、当然、この社長の会社を大切になどしません。これも第三者から返ってきています。

このように、人生であなたが与えたものは、気づけば必ず返ってきているのです。

そして、この「同種群生の法則」と「返報性の法則」と「積小為大の法則」により**成功曲線は大きく見れば二次曲線になる**のです。

「A君、B君と自分の3人で、10個のまんじゅうをどう分けますか？」

この問いに対して、ほとんどの教え子は「まず3個ずつ分けて、残った1個を三等分にします」と答えます。

不公平がないように考えられた回答です。

ところで、このとき「自分が2個、A君4個、B君4個」と分けると、やがてどんなことが起こるでしょうか？

もちろん、最初は「ラッキー！　俺はおまえの2倍いただくぜ！」と何の迷いもなく持っていく利己的な友達がいるかもしれません。

もちろん、それが悪いわけではありません。しかし、その友達はやがて利己的な同種を引き寄せ始めます。

彼の周りには利己的な人が集まり、奪い合いの日常が始まり、あなたとは住む世界自体が違ってくるので、やがて、おつきあいが疎遠になります。

一方、あなたが他人の2分の1の分け方をやり続けると、あなたも同種を引き寄せ始め、利他的な友達が集まってくるようになります。

するとある日、こんなことが起こります。

「きみはいつも2個じゃないか。僕たちは4個もいらないから、1個きみにあげるよ」

そうすると2人から1個ずつ返ってきて、あなたが4個になります。

それでも「自分2個で相手4個ずつ」の分け方を続けると、今度はこんなことが起こります。

「きみはいつも2個じゃないか。今日は僕たちが2個でいいよ」

そうすると2人から2個ずつ返ってきて、あなたが6個になります。

再度お伝えしますが、これが人生では長い時間をかけて起こるのです。よって成功は（多少の紆余曲折《うよきょくせつ》はあれ大きく見れば）二次曲線になります。

最初は成果など感じられず、逆に後退しているように思うことさえあります。

それでも周りに幸せを提供し続けていると、やがて同種を引き寄せ始め、与えたものが積小為大の原則に従い、信じられない大きさになって返ってくるのです。


これは単なるたとえ話ではありません。

将棋界に旋風を巻き起こしている藤井聡太さんをご存じの方は多いと思います。彼が小学生低学年のときから、面倒を見続けたのが師匠の杉本昌隆さんです。

杉本さんは、藤井さんが活躍するごとに注目を集め、マスコミや講演会などで引っ張りだこになっています。

将棋の世界では、師匠が弟子からお金を取ることはありません。逆に杉本さんは藤井さんがタイトル戦に臨むときに100万円の羽織袴を贈ったくらいです。

しかし、この師弟関係を見聞きするたびに、「積小為大」という法則を思い起こします。

杉本さんの弟子への愛情と無償の行為の積み重ねが、今大きくなって彼に返ってきているのです。

第3章

目の前の人を喜ばせる

――「長所」は「短所」に支えられている

あなたは周りに「喜び」「悲しみ」のどちらを与える人間でいたいですか？

「喜び」を提供できる人間でありたいと思うなら、一刻も早くあなたが生まれてきた役割に気づき、それを磨くことです。

では、どうすれば生まれてきた役割に気づけるのでしょうか？

「より好きなこと」より「より得意なこと」を見つけよう

「自分の得意なこと」かつ「周りが喜ぶこと」にあなたが生まれてきた役割があるのなら、「より得意なことを見つける」かつ「より相手が喜ぶことをする」ことで自分の存在理由、つまり、役割が明確になってくるはずですよね。これにはいくつかのコツがあります。

まず、「より得意なことを見つける」には3段階のSTEPがあります。

「より得意なことを見つける」ための3STEP

STEP1　いろんなことを経験する
STEP2　その中から好きなことで、やっていて成長を楽しめることを選ぶ
STEP3　それを何度も繰り返す

まずやってみないと得意かどうかなどわかりません。さらに何か得意なことがあっても、他にもっと得意なものがあるかもしれません。

ですから、「より得意を見つけよう」と思うなら、まずさまざまなことにチャレンジしてみることです。

これは「好き」「嫌い」の基準とは少し違います。好きなことの中にもそれほど得意とは言えないこともあれば、嫌いなことの中にも、やってみると意外に才能アリかも？　と思えることがあります。

だから最初は好き嫌いを超えて、まずやってみることです。

ただ、世界には無数の事象がありますから、いつまでもチャレンジを続けると、それだけで人生が終わります。大切なのは「バランス」です。どこかでけりをつけてく

ださい。

さて、いくつか得意が見つかったなら、ここで初めて「好き」という判断基準を採用します。好きなことで、やっていて成長を楽しめることを選ぶのです。

好きなことを選ぶ理由はもういいでしょう。あまり好きでもないことは続きにくいのでキャリアが積めません。

では、成長を楽しめるとは、どういう意味でしょうか？

得意であるということは、スキルが高いということです。スキルはすぐには磨かれません。ですから、STEP3で「それを何度も繰り返す」とあるのです。

繰り返せば、最初できなかったことがだんだんできるようになります。しかし、これはかなりしんどいことなのです。

成長には成長痛が伴うのです。このとき、それを楽しめなければ挫折します。やっていて成長を楽しめることを選んでください。

次に「より相手が喜ぶことをする」ですが、これには4つのPOINTがあります。

「より相手が喜ぶことをする」とき4POINT

POINT1　人の気持ちがわかる人になる
POINT2　失敗しても気にしない
POINT3　自分を犠牲にしない
POINT4　見返りを期待しない

まず人の気持ちがわかる人にならなければ、他人を喜ばせることはできません。

「でも自分はそれが苦手なんだ」と、もしあなたが思ったなら、**常に「目の前の人を喜ばせよう」としてみる**のです。

これならできますよね。それを繰り返せばいい。だんだんコツがつかめてきます。

相手は家族でも同僚でも取引先の人でもいいのです。最初は失敗の連続かもしれません。気にしないで続けてください。

そもそも、今まで相手を喜ばせようとしてこなかった人は、相手が喜ばなくても今まで通りですから、何の問題もありませんよね。

喜ぶかどうかは相手が決めることです。あなたは精いっぱいやればいいのです。慣れてくればできるようになってきます。

このとき、自分を犠牲にすることはやめてください。それをすると続きません。また、見返りを期待すると返ってこない場合もありますから、これもまた続かなくなります。努力が今すぐ報われてほしいという浅はかな願望は捨てましょう。

こうやって**「より得意なことを見つける」かつ「より相手が喜ぶことをする」という行動を続けていくと、自分が生まれてきた役割がはっきりしてきます。**そうなれば、あとはその役割に邁進《まんしん》すればいいのです。

「じゃあ、役割さえわかれば人生は楽勝だ――」となればいいのですが、残念ながら、そこにいくつかのハードルが出てくるのです。

ここでは「苦手が気になってしまい、得意を磨くことに邁進できない」「継続する

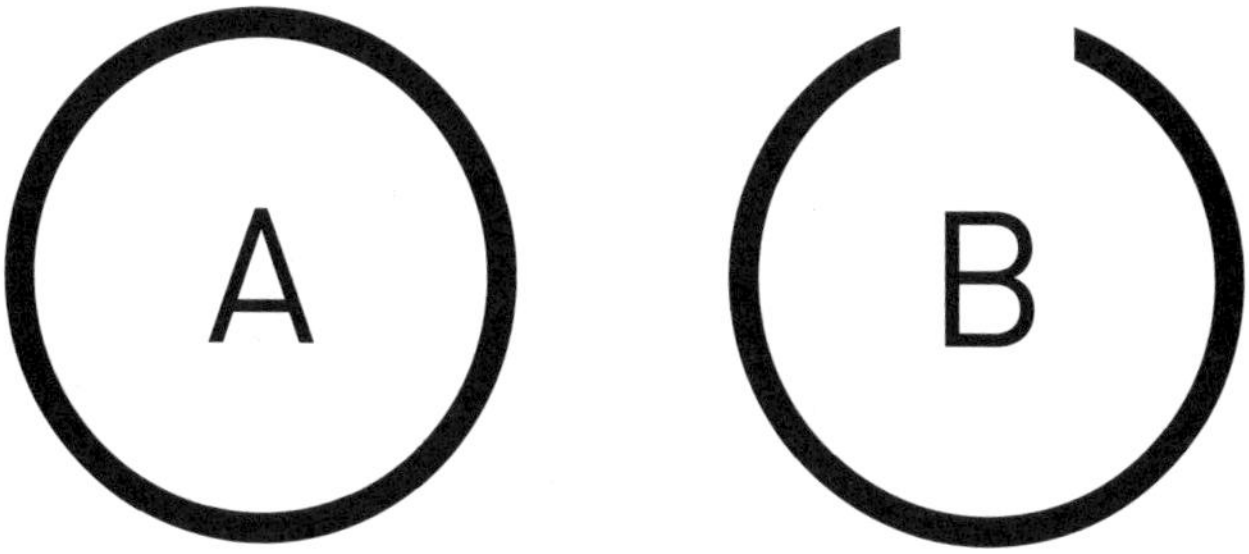

図1

ことが苦手」「役割に邁進したいのに、心ない批判にへこんでしまう」といったものに対して、その突破方法を見ていきましょう。

そもそも、人間は欠けているところに目が行きがちな生き物です。図1を見てください。

ＡとＢ、どちらの円が目立つでしょうか？

多くの人が後者を挙げます。だから、あなたが**長所を伸ばしたくても短所が気になる**のはよく理解できます。

さて、ここで「長所＝短所ですよ」と言

えば混乱するでしょうか？　でも、これは真理なのです。なぜなら、すべては相対性の中に存在するからです。

相反するものは相互に支え合う

これは陰陽《いんよう》の法則と呼ばれ、これを知ることで人生の見え方が大きく変わるはずです。

たとえば、あなたが新品のコピー用紙のどちらか片側を「表」と定義したとしましょう。

その瞬間、同時に「裏」が生まれました。もし「裏」を生み出したくなかったのであれば、「表」という定義をしてはならなかったのです。

しかし、その用紙を本来の目的で使用するなら、どちらかを「表」と定義しなければ不便極まりないのです。必然的に「表」の定義が生まれ、「裏」も自動的に定義されます。

このように、「A」という定義は、Aと相反する「B」が存在することを意味しており、それと区別するためにつけられているのです。

言い換えれば、「A」という定義は「B」の存在に支えられており、「B」という定義は「A」の存在に支えられているということです。

それゆえに**「A」と「B」の間に優劣などなく、「B」を排除すれば「A」という定義は失われ、「A」を排除すれば「B」という定義が失われます。**

「男と女」「幸せと不幸」「美と醜」「善と悪」「光と闇」「優と劣」「便利と不便」など、前記の「AとB」には、世に定義されている森羅万象すべてが当てはまります。

もし、この世に女性がいなければ、男性は自分が男性であると永遠にわからないでしょう。

もし、毎日が幸せなら、それが普通の状態ゆえに毎日は幸せとは言えなくなるのです。

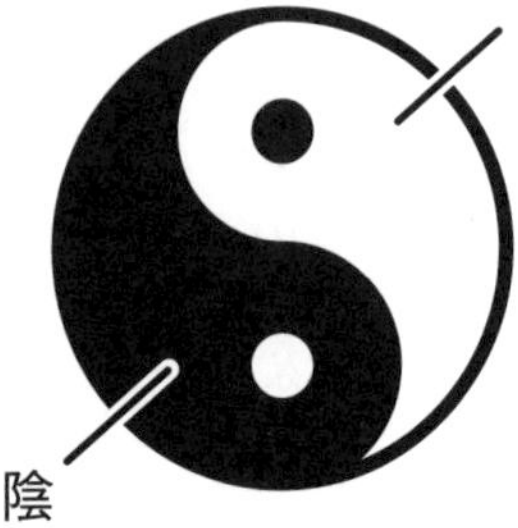

図2

図3

これを説明するのに適しているのが図2です。これは太極図《たいきょくず》と呼ばれ、陰陽の法則を示すものです。

万物は無極《むきょく》から混沌《こんとん》を経て、「陰」「陽」という対《つい》の概念が生じる中で、お互いに循環を繰り返しながら生成されることを表しているものですが、**対の概念が補完し合って存在している**ことを説明するのに最適です。もう少し詳しく見ていこうと思います。

陰の中にある白点を「陰中の陽」、陽の中にある黒点を「陽中の陰」といいます（図3）。

これは陰陽の循環運動の中でそれぞれの内部でも自己極化が行われていることを表

しますが、ここではわかりやすく、

「陰の存在を突き詰めていけば、陽の存在がそれを支えていることに気づき（陰中の陽）、陽の存在を突き詰めていけば、陰の存在がそれを支えていることに気づく（陽中の陰）」

と解釈するといいでしょう。


もし、あなたが生まれたときから周りにあるすべてが美しければ、それを美しいと感じることはできません。

あなたが何かを見て美しいと感じることができるのは、醜いものの存在を知っていて、今そうではないものを見ているからです。

つまり、醜いものが存在しているおかげで、美しいものを定義することができているわけです。

だから、美しいものを見て美しいと感じることを素晴らしいと思うのであれば、醜いものの存在を認める必要があります。

これは醜いものを好きになれと言っているのではありません。せめてその存在を認め、できれば感謝することです。

ウルトラマンがカッコいいのは、怪獣がいてくれるからです。

だからカッコいいウルトラマンを愛するのであれば、そのカッコよさを支えている怪獣も同じだけ愛してやらねば、バランスがとれず、歪みが生じます。

これは何も怪獣を好きになれと言っているのではありません。せめてその存在を認め、できれば感謝することです。

あなたが目の前で起きた出来事に対し、「幸せ」を感じたとしましょう。

これはあなたが「不幸」がどんなものであるか、ちゃんとわかっていることを意味するのです。

そして、それとは違う出来事が起こったから、それを「幸せ」と感じることができたのです。

だから、**幸せを幸せと感じたいのなら、それを感じさせてくれる不幸を排除してはいけません。好きになれとは言いませんが、せめてその存在を認め、できれば感謝す**

ることです。

しかし人間は得てして、自分にとって都合の悪いもの（陰）を排除し、都合の良いもの（陽）だけで人生を埋め尽くそうとします。

それは「独り勝ちを許さない」という自然の法則に反し、多くの課題を生み出します。

森羅万象すべては「対」で存在しています。「対」を絶とうとすると課題が生じます。

「対」を絶とうとすることを「絶対」といいます。ということは**「絶対」が多い人生はイライラが多い**ということになるのです。

この陰陽の法則を自分のものにできれば心がブレなくなります。

なぜなら幸せな人生を歩むためには不幸の体験はなくてはならないものだということがわかるからです。

物をおいしく食べようとするなら、そのもののおいしさ以前に「空腹」が条件になります。

安定した人生とは、「幸せな状態がずっと続く人生」ではありません。というか、そんな人生は世界のどこを探してもありません。

安定した人生とは、「どんなことが起こっても心が安定している人生」のことなのです。

すなわち、安定とは心の安定のことなのです。そして陰陽の法則を知れば心は安定に向かいます。

あなたが今、幸せの渦中にいると感じるなら、それを満喫すると同時に、やがてやってくる試練に対する心の準備をすることです。

そして今、不幸の渦中にいると感じるなら、その苦しみから決して目をそらすことなく向き合いながらも、やがて必ずやってくる幸せを確信することです。

歴史上、やまなかった雨はないのですから。

「短所」を「長所」に言い換えて倒産寸前からの復活

さて、少々話がそれましたが、これで「長所」が「短所」によって支えられていることがわかりましたね。

ならば、短所を好きになれずとも、存在を認めて感謝することも心がけてください。

しかし、この説明は「長所＝短所」の説明にはなっていませんので、さらに深掘りしていきます。

たとえば、あなたに「すぐに行動する」という特徴があったとしましょう。

この特徴を短所（陰）と定義するか、長所（陽）と定義するかは人それぞれですが、「すぐに行動に移す」というのは「あわて者（陰）」の側面と「機敏な者（陽）」の側面を併せ持っているのです。

「優柔不断」は「慎重」へと言い換えられます。

「頑固」は「信念がある」といえるのです。

「協調性がない」のなら、それは同時に「主体性がある」ということです。

こう考えれば、あなたが思う短所が次々と長所へと置き換わるはずです。


「単純な人」は「素直な人」です。

「流されやすい」のは「適応力の高さ」を表します。

「繊細」なのは「感受性が強い」のです。

「長所＝短所」という意味が理解できたと思います。


つまり、得意を伸ばすとは、あなたの中にある短所の側面より長所の側面が頻繁に表出する特徴を磨いていくということなのです。

これを行うと、不思議と短所が頻繁に表出する他の特徴が気にならなくなってきます。

というより、他の特徴までもが短所ではなく、長所の側面が目立つようになってくるといった方がよいでしょうか。

実際に起こった出来事で再確認してみましょう。

私が敬愛する方に、有限会社シーズという調査会社代表の西村貴好さんがおられます。以前、彼はこんな話をしてくださいました。

「あのね、僕の会社は倒産寸前までいったんですよ」

シーズは、橋下徹氏が大阪府知事だった時代に、大阪府の委託を受けて中央図書館や府税事務所の覆面調査で行政サービスの改善をお手伝いするほど、各方面から引っ張りだこの企業です。

テレビ局からの取材依頼も殺到し、西村さんは「ほめ達」（ほめる達人）という流行語まで創出してしまいました。そんな会社が、過去に倒産寸前だったとは……。私が「どういうことですか？」と尋ねると、こう答えてくださいました。

「覆面調査っていうのは、一般のお客さんとして店舗や施設を利用し、接客・サービス、運営状況、設備などを調査・観察しながら課題や改善点をレポートしていく仕事です。

昔はね、調査に行って悪いところを徹底的にレポートしていたんですよ。メニューが汚れている、店員の感じが悪い、料理が遅い。それはもう、これでもかというくらい短所をオーナーに見せ続けました。そしたらね、次々と調査先の店がつぶれ始めたんですわ」

お店がつぶれてしまえば、仕事がなくなりますし、つぶれるお店ばかり調査する会社に依頼なんかしたくありませんよね。倒産寸前に陥ったとき、西村社長が取った行動は、思いがけないものでした。

「ちょっと待てよと。悪いところばかりレポートしてつぶれるんなら、良いところだけレポートしたらお店が良くなるんちゃうか。単純な発想ですわ（笑）」

なんとも豪快な方です。最初は調査員さんも戸惑っていたそうです。これまでと真逆のことをやれと言われているわけですから。

「全く良いところが見つからないと思う店でも、なんとか良いところをひねり出し、できるだけ書き出すようにさせたんです。トイレがきれい。メニューの字が読みやすい。店員さんからいい匂いがする（笑）。

とにかく、どんな小さなことでも長所を探すんですわ。そうしたらね、これまた不思議なことにフィードバックしたお店の業績が上向き始めたじゃないですか。やっぱり人間、強みに目を向けてもらった方が頑張れる。結果的にいい仕事ができるんですよ」

この経験から西村社長は、経営者やスタッフに勇気を与える、一風変わった調査会社を築き、自らもほめる達人「ほめコンサルタント」として活躍されています。

実はこの事柄に関しては、私自身も塾講師時代に、こんな経験をしています。

英語が得意で数学が苦手という子がいたとします。

「先生、うちの子、英語はできるんですけど、どうにも数学の点数が良くないんですわ。どうしたらええですか？」

こう相談されたときには、明確な答えがあります。

「まず得意な英語を突き抜けさせてください」

苦手な数学ではなく、もう徹底的に得意な英語にのめりこませるのです。すると、中学2、3年生で大学入試レベルの英語を難なくクリアする子が出てきます。
数学は、お留守でもかまわない。それが何を引き起こすか。
強烈な自信が子どもたちに宿るのです。

自分に対する存在承認を持てていない教え子でも、突き抜けた英語の力を使って世の中の役に立てるという意識が自己肯定感につながるのです。

それだけではありません。なんと、不思議なことに英語で突き抜けた子は、自然と数学も平均レベルに届くようになっていきます。

少なくとも苦手意識は消え去ります。

「英語がこれだけできるのだから、自分にやってやれないことはない。よしっ！ こんどは数学だ！」

この想いで握ったペンは自ら握ったペンであり、無理やり持たされたペンではないからです。

もっとも、ここまで来るためには時間が必要で、高校入試でいったん区切られる教え子の場合は慎重な指導にならざるを得ないこともありました。

でも、もし「英語は得意なんだから、やらなくていい。数学を頑張りなさい」と苦手なことにエネルギーを注がせてしまったら、得意だった英語まで成績が下がってしまうことが当たり前のように起こってしまいます。私はどちらの例も山ほど見てきました。

ただ、多くの大人が言うでしょう。

「自分の好きなことばかりやっていると、嫌いなことも頑張る精神力を養えないじゃないか。そもそも英語がどれほど優秀でも、数学がからっきしできなければ困ることが出てくるぞ」

もちろん、その通りです。ここでもバランスは重要なのです。

でも、大丈夫です。実はすべての教科はつながっているのです。

得意の英語を読み進めていくうちに、英語で数学的内容が書かれた文章に必ず出くわします。どれほど英語が堪能でも、数学的内容が理解できなければ文章の意味がわからず、意訳などできなくなります。

このとき、数学の必要性をはじめて感じ取るのです。そして、数学の学習が始まる。

しかし、もはやそれは、大好きな英語のための学習で、以前、中高生だった頃に感じた、無味乾燥な数学の学習ではないのです。

この世の中では、すべての事柄はつながっているのです。

大好きなことから入り込み、それを本質にまで掘り下げていくと、あらゆることに派生していくのです。

「一点突破、全面展開」。ビジネスも同じですね。

そしてこの言葉は、バランスという点でも秀逸です。一点突破だけではバランスが悪いのです。全面展開までいってバランスがとれるわけです。

そういえば、「まず得意を伸ばせ」という手法は仕事でも私を救ってくれたことがあります。

私がいた塾は、当時、新設ながら灘《なだ》中高に日本一多く合格者を輩出し、超難関校を目指す子どもたちがたくさんやってきていました。

塾のある私鉄沿線に生徒募集のチラシを新聞折り込みでまくわけですが、データを分析してみると、どうやらA市から通ってくれる子たちへの広告効果が高いことがわかりました。半面、近接するB市からは（塾から立地的に近いにもかかわらず）あまり生徒が来てくれていません。
つまり、A市は長所で B市は短所というわけです。

そこで、生徒をもっと集めたいB市（短所）へ重点的に広告を入れてみたのです。もちろん予算が限られているのでA市（長所）にはしばらく宣伝できませんでした。ところが何度やってもB市からはまるで反応がありません。それればかりか、A市からの入塾者が目に見えて減ってきたのです。

慌てた私たちはB市からの集客をあきらめ、半信半疑ながら、すでに生徒がたくさん通ってくれていたA市に一点集中でチラシをまいてみたのです。

すると不思議なことが起こりました。A市からの生徒が以前よりも増加しただけでなく、なんとB市からの生徒も徐々に増え始めたのです。

何がどうなっているのかはわからないのですが、おそらく、すでにA市には塾のコアなファンである保護者の方が数多くいたので、良い噂や口コミがあったのでしょう。その土壌が集中的な広告投下によってさらに刺激され、近隣のB市にも伝播《でんぱ》していったのかもしれません。

短所の側面に光を当てるよりも、あなたの中にある長所の側面が色濃く表出される特徴を磨いてください。

そうした研鑽《けんさん》の仕方が、あなたの中にあるあなた自身の力に気づくきっかけを与えてくれます。

「役割さえわかれば人生は楽勝だ――」とはならないハードル突破方法の2つ目です。

継続するというハードル――「自走」の前に「伴走」を

役割に気づき、それを磨こうとしても、その活動を継続できなければ成長はありません。「積小為大」という言葉はすでに説明したので、継続の重要性は伝わっていると思いますが、なかなか実行に移せないのも事実です。

ここでは実行に移すためのポイントを取り上げたいと思います。

一番簡単で確実な方法は、誰かに伴走してもらい、継続を促し続けてもらうことです。

ちなみに、その手法で大きな成果を上げているのがライザップです。ダイエットは成功への理論が極めてシンプルで、万人が理解しています。しかし、継続が難しいのです。そこをクリアするためにライザップではインストラクターが伴走してくれるのです。


しかし、人生においては、自分の役割を磨くための伴走者が常に隣にいることなどまずありません。ならば、自分で自分を動機付けしなければならないわけです。大変難しいことですが、逆にいうと、これができるようになれば生涯安泰といってもいいでしょう。

さらに他人をその状態にする能力があるとすれば、それは世界中のリーダーたちが求めるものでしょう。

第4章

自分で自分のモチベーションを高める

――「続かない人」と「続く人」のちょっとした違い

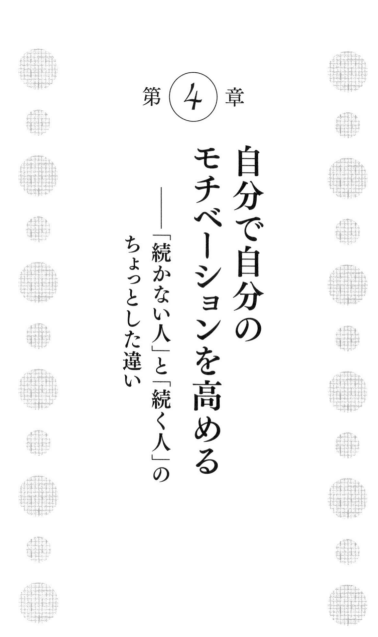

自分で自分をモチベートする13のチェックリスト

「自分で自分を動機付けする」という難題に全力で取り組んだのが塾講師時代でした。すなわち、生徒全員が「自分で自分をモチベート」できるようになれば、私たちの仕事はほぼ完了というわけです。

以下は、そのとき最終的にたどり着いた13のチェック項目です。

「自分で自分をモチベートする」13のチェック項目

①体調を整える
②現状に感謝する
③必要な環境を整える
④難しすぎず、簡単すぎない適度な難易度の課題に挑戦する

⑤小刻みに目標を設定する
⑥小刻みに現状を認識する
⑦何が問題解決に必要なのかを知る
⑧自分がしようとすることの社会的意義を認識する
⑨自分の頑張りが周りにどんな影響を与えるかを知る
⑩自分の成長を目に見える形で認識する
⑪成長によって、どんな未来が得られるかを知る
⑫小刻みに積み上げてきたものを確認する
⑬仲間からの支援

もちろん、これらすべてが整わなくても、モチベーションを維持し、やるべきことを継続できる人はたくさんいます。逆にこれらが満たされても、何らかの理由で継続できない場合もあると思います。

しかし、もし、あなたのやる気が続かないなら、まずはこの13項目を確認してください。そして何か欠けているものがあれば補充してみてください。

では、項目別に見ていきましょう。

① 体調を整える
スキップしながら悩めない

いうまでもありませんが、体調が良くなければ、やる気など起こりません。不摂生による体調不良がないように心がけてください、とありがちなことを伝えましたが、実はこれができる人は最終的にあらゆるものを手に入れる豊かな人生を送ることになります。

不摂生による体調不良がない人とは、節制ができる人です。言い換えると、自分の欲望をコントロールできる人なのです。

「いや、メンタルが弱っているときに体調管理は難しいでしょう」という意見がありますが、これは全くの逆です。体調が整うことでメンタルがよみがえることなど日常茶飯事的に起こります。

ちょっと古いですが、「スキップしながら悩めない」、あるいは「健全な精神は健全な肉体に宿る」とはよく言い得たもので、体が心に与える影響をうまく表現しています。

もっというと、先にメンタルをよみがえらせるのはとても難しいのです。なぜなら、すでにお伝えしたように、メンタルには幼少期に刷り込まれた体験の記憶が強くかかわっているので、おいそれとは変えられないからです。

メンタルが弱っている人は、騙されたと思って、たとえば筋トレをやってみてください。

まず行動することです。行動を起こせば、理屈がわかってきます。鳥はすでに飛んでいた。その行動があったから、揚力《ようりょく》という理屈に気づいただけ。これは学問でも何でも同じです。

2 現状に感謝する

成績アップ率100%！「ありがとう」の絶大な効果

第1章でも少し触れましたが、かつてハーバード大学全学生の2割にあたる約1400人が殺到したという有名な講義がありました。

講義名は「ポジティブ心理学」です。ハーバード大学だけでなく、スタンフォード大学、ミシガン大学など権威ある大学で次々と開講されていますが、この講義はきわめて興味深い実験結果に基づいたものだったのです。

人間の脳内では感謝することで「オキシトシン」というホルモンが分泌されます。俗に「幸せホルモン」と呼ばれるオキシトシンには、以下のような効果があるとされます。

- ●自律神経を整える
- ●免疫力を高める
- ●ストレスをなくす
- ●脳の疲れをとる

しかも、このオキシトシンの分泌は精神面のみならず、「新しいことを覚える力＝記銘力」にも好影響を与えることがわかっています。

この学術的、そして医学的なエビデンスのあるオキシトシンの効果を利用しない手はありません。

朝起きたとき、何かに取り組む前、食事の前、寝る前、ことあるごとに感謝の言葉を口にするのです。できれば紙に書いていくと視覚的効果も加わります。

「今日も目が覚めました。生きています。ありがとうございます」
「ご飯を食べることができます。私は恵まれています。ありがとうございます」
「今日なすべき仕事があり、私を必要としてくれる人がいます。ありがとうございます」
「これから私は布団で眠りにつくことができます。幸せです。ありがとうございます」

実際にこれを実行して大きな成果につなげた教育機関があります。

宮城県仙台市にあるS塾の夏季合宿です。東日本大震災前まで行われていたこの塾の合宿は、なんとモンゴルで実施されていました。

見渡す限り何もない大草原のゲル（移動式住居）に1週間寝泊まりするのです。電気、水道、ガスがないのはもちろん、携帯電話も通じません。ゲーム機器も持っていけないという、現代の子どもたちからすれば、ありえない環境での生活です。

飲み水や炊事、洗濯に使う水も、毎朝往復3時間半かけて交代で汲《く》みに行かなければなりません。乾燥しているので汗をかかないとはいえ、お風呂もない生活です。食材は放牧している山羊《やぎ》を目の前で捌《さば》くというもの。

途中でダウンする子も続出します。これまで人生で経験したことのない、受けたことのないような感覚の嵐に放り込まれるのですから、当然でしょう。

日本での生活がどれほど恵まれたものだったのか。蛇口をひねれば水が出て、リモコンを押せばエアコンから涼しい風が送られてきて、お腹がすいたらコンビニという24時間そのとき食べたいものがただちに手に入るという生活です。

それらすべてがなくなった環境で、1週間、生きるために自分の命とエネルギーを集中させるのです。

合宿が終わると、子どもたちは激変するそうです。ひとことで言えば、たくましくなる。

そして、今の境遇をとても大切に感じるようになります。感謝を身体で覚えて帰国するのです。さらに、もっとすごいのは、なんと、**この合宿に参加した子どもたちの成績上昇率は100%！**

命あることに感謝し、自分が自分であることに手放しで喜びを感じられれば、勉強だって、何だって前向きにやってのけようと思えるのでしょう。

それは、すなわち人生の充実感につながります。

日常に感謝するということをやってみてください。大きな変化が表れるはずです。

3 必要な環境を整える
あなたの継続を阻む敵は何か

そのうえで、仕事に必要な環境をできる限り整え、不要なものを排除します。

パソコンが必要なら十分な記憶容量と処理速度を持った機種を選び、ネット回線が必要なら、なるべく高速のものを整えます。

仕事中にスマホを見てしまい、気づけばSNSに夢中になってしまうくせがあるのなら、スマホをロッカーにしまっておくというふうに環境を整えなければなりません。

話しかけられると集中力が途切れてしまう業務であれば、周りにその協力をお願いするのです。

環境を整えておかなければ、継続できない原因を環境に求めてしまいます。自分の退路を断つためにも環境整備は重要な要素です。

4 適度な難易度の課題に挑戦する

難しすぎても簡単すぎてもダメな理由

ハンガリー出身の心理学者ミハイ・チクセントミハイは「時を忘れるくらい、完全に集中して対象に入り込んでいる精神状態」を「フロー状態」と名づけ、その状態に至るいくつかの条件の一つに「難易度とスキルのバランス」を掲げています。

つまり、取り組んでいる内容が、自分の能力と照らしあわせて難しすぎず、簡単すぎず、全能力を出しきることを要求されるレベルにあり、それをやり通すことによって自分の能力が向上するような難易度であることが重要だということです。

たしかに、取り組む対象が「朝飯前でできること」か、「ひっくり返っても不可能なこと」であったなら、ひたむきに取り組もうとは思いません。

今取り組もうとしていることに、自分のスキルをほんの少し上回る「伸びしろ」があるかどうかを再確認しましょう。それが継続につながります。

5 小刻みに目標を設定する

大きすぎる目標はモチベーションを下げる

大きすぎる目標はたどり着くまでに多くの時間を必要とし、達成感を感じることがなかなかできません。そのうちモチベーションが下がってきます。

よって最終目標がかなり高いところにある場合は、そこに至るまでにクリアすべきいくつかの関門ごとに達成を確認していく仕組みを整えることが重要になります。

もっとも、あっという間に達成できそうな目標を次々に目の前に置くというようなことは、うざったいだけですからやめておきましょう。

個人差はあるでしょうが、長くてもせめて**一日ごとに成果を確認できるようにしてみる**ことをお勧めします。

6 小刻みに現状を認識する

自分の「現在地」をチェック

さて、小刻みな目標を決めても、それに達したかどうかがすぐにわからなければ、モチベーションを保つことができません。つまり、目標を決めると同時に、今、自分はその目標に対してどのあたりにいるのかを確認できる状態が望ましいのです。

模試を受けてその結果が半年後というのでは、振り返って弱点補強に努めることが難しくなるのと同じです。

ただ、これには周りの助けが必要となる場合が多くなります。なかなか思うようにいかない場合は、自分を強く保つことが求められます。

7 何が問題解決に必要なのかを知る

目標までの距離を縮めるために

目標と現状のギャップをチェックすれば、クリアすべき問題が明らかになります。すぐにその情報を入手できるルートを確保しておくことが大切です。経験者に相談できる状態や、ネットで検索できる状況を整えておくことが必要です。

8 自分がしようとすることの社会的意義を認識する

アメとムチだけでは効果は上がらない

人間は自分のやっていることが誰かの役に立っていると思えるとき、頑張ろうとする生き物なのです。

さらに言えば、自分の存在に意味があると思えたときに苦しみに耐える力がわいてくるのです。

逆に自分の存在に意味を見いだせなくなったときに、場合によっては自らの命さえ断とうとする生き物なのです。だから、この「意味を見出す力」とは、「生きる力」と言い換えることができます。

本書で一貫してお伝えしたいことは、この自分の存在意義を他人からの評価からではなく、自分自身で感じ取れるようになってほしいということなのです。

ともあれ、自分の取り組んでいることに社会的意義を感じ取れたときに継続するエネルギーが与えられるわけですから、常に目に見えるところにその意義を書いておき、しんどくなるたびにそれを眺めてみてください。「私がこれをやり遂げることで、○

○で困っている人が必ず救われる！」という感じでしょうか。

⑨ 自分の頑張りが周りにどんな影響を与えるかを知る

頑張る姿は、誰かを勇気づける

もし社会的な意義などという大きなことが思い浮かばないときは、あなたの取り組みが周りの人にどのような好影響を与えるかを見えるようにしておくのも一つの手です。

さらにそれもよくわからないのであれば、先述のように「あなたがひたむきに頑張る姿」が周りにどれほど勇気をもたらすかに想いをはせてください。

何度もお伝えしますが、「努力が報われるとは限らない」という言葉は、あまりにも今すぐ自分だけという浅はかな言葉です。人間的成長を目指すあなたなら、「報われない努力などない」ことは常識として捉えておいてください。

10 自分の成長を目に見える形で認識する
成長の「見える化」で、仕事も人生も楽しくなる

講師経験の中で、人の成長を阻む要因は7つほどあることに気がつきました。その中で最も克服困難な要因が「そもそも成長しようとは思わない」というものです。しかも、その状態の教え子が驚くほど大勢いました。最初は何とかして「成長したいと思ってもらおう」と躍起でした。

ところが、一向にうまくいかない。そのうち「何が原因なのか？」と考え始めました。その問いかけは、やがて「生まれたときからそうだったのか？」に変わりました。そのとき、ようやく本当の原因に気づきます。

もし、生まれたときから「成長したいと思わない」のなら、その人はいつまでたってもあらゆることが赤ちゃんのままのはずです。もちろん、身体的なものや知能の成長はＤＮＡのなせる業といえる部分があるでしょう。しかし、人間性の成長に関しては幼児に近いままのはずです。もし、今がそうでないなら、最初は成長しようとした

はずです。でもどこかでそれが嫌になったのです。

ここで考えられる環境の変化はたった一つです。はじめは成長を周りが喜んでくれたのです。「這えば立て、立てば歩め」の親心です。だから、成長が楽しいものだと思えたわけです。

しかし、いつからか成長ではなく成果を求められるようになりました。

成長は時間がかかります。でも多くの大人たちは「今すぐ、自分だけ」と考えます。つまり成果がついてこないことで低い評価を下され始めます。やがて成長が楽しめなくなるというわけです。

断言します。個人差はありますが、**成果は成長することで必ずついてきます**。だから成長を楽しめるように、幼少期に書き込まれたプログラムを書き換えるしかありません。

そのためにも取り組むことで得られる成長を可視化してみてください。継続へのパワーを手にすることができます。

11 成長によって、どんな未来が得られるかを知る

未来へのワクワク感が報酬になる

もちろん、ごほうびも必要です。その成長があなたにもたらす未来や収入増を期待値込みで掲示しておくのです。それを見て、「よしっ！　もう少し頑張ってみるか」と思えることもあるはずです。

以上の2項目からいえることは、**幸せな成功者は例外なく、成長を楽しんだ結果としての成果を手に入れている**ということです。

12 小刻みに積み上げてきたものを確認する

自分の歩いてきた道を振り返ってみよう

積み上げてきた過去は、それに取り組むことによって生じた紛れもないあなたの成長です。

気持ちが萎《な》えそうになったとき、「時間はかかっているが、なんだかんだいって、ここまで歩いてきたじゃないか」と思うことができたなら、歩き続ける勇気がわいて

きます。それを常に目の届くところに掲げておきたいものです。

⑬ 仲間からの支援

「仲良しグループ」ではない！「チーム」が奇跡を起こす

最後に掲げるのが仲間の存在です（この項目だけは自分一人ではできません）。

私が教鞭をとっていた塾は、4府県にまたがり20教室以上を展開する規模でした。全塾生が学年ごとに毎月同じテストを受けて偏差値1刻みで2カ月に一度、クラス替えが行われていました。同じクラスなら、テキストは同じで講師もほとんど同じです。

そして同じ状態で同じ難関校受験に臨むのですが、合格率がクラスによって天と地ほど開くのです。最初は「不思議なこともあるものだ」とそれほど気に留めていなかったのですが、それが実績凋落《ちょうらく》という事態につながった年に本格的調査に乗り出しました。

そして、私たち講師陣はあることに気づきます。まず、惨敗クラスにはいじめが存在していました。いじめの存在するクラスや会社であなたは勉強や仕事に最大限のエネルギーを割《さ》けるでしょうか？

そんなわけがないことは自明でしょう。理由など言うまでもありませんが、生物は生存欲求が優先順位のトップなのです。だから、「いかにいじめられずに済むか」「いかに安全な居場所を確保するか」にまずエネルギーが使われるため、もはや勉強や仕事どころの騒ぎではなくなります。

では、データ通りの合格実績を示すクラスと、奇跡の全員合格を成し遂げるクラスでは何が違っていたか。

実は前者は仲良しのグループでした。しかし、後者はたんなるグループを超えてチームへと変貌を遂げていたのです。

この結果から、私たちは組織にはざっくりと3つのパターンが存在していることを学びます。

1 いじめやパワハラのある組織……大多数のメンバーは自分に自信がありません。かといって努力で自分を高めようとは思いません。でも、自分の存在意義を感じなければ生きていけない。それゆえ弱い者を探し出し、優越を示すことで自分を保とうとする状態です。

②仲良しグループ……大多数が「いい人でいたい」人たちで構成されています。嫌われるのが怖い人たちです。だから、耳の痛いことを他人には言いません。つまり、なあなあの人間関係をつくっています。

少し辛辣《しんらつ》に言うと「他人の人生に全く真剣ではなく、自分さえ良ければそれでいい」と考える人たちが主流です。でも、表面上、仲のいい穏やかな雰囲気を保っている状態です。

③チーム……構成メンバー全員が一人ひとりの人生に真剣に関わります。もっと言えば、お互いがお互いの成長に責任を持っているのです。だから、相手の成長に必要であると思えば、耳の痛いことも伝えて組織全体の成長を促そうとします。

この組織に身を置くことができた人は幸せです。生涯の友人ができ、未来にわたってお互いを切磋琢磨《せっさたくま》してサポートしあうのです。このクラスになった教え子たちは、社会人となった今でも塾の同窓会を開いています。

さて長くなりましたが、この最後の「チームになった組織」において、継続のための大きな要素が仲間からの声援なのです。

心ない批判にへこんでしまうというハードル――「批判」の9割は「嫉妬」の裏返し

「役割さえわかれば人生は楽勝だ――」とはならないハードル突破方法の3つ目です。世の中は他者を批判するメッセージであふれています。もし違う考えなら「私はこういう考えを持っている」と伝えるだけでよいはずですが、多くの場合そこに相手を攻撃する言葉をまぶして発信してしまいます。

ただ、ここで重要なことは、的を射た批判も存在するという視点です。この視点は自分の成長に直結するので排除しない方がいいでしょう。

しかし、もしあなたが利他の心を忘れることなく、自分の信念に従い、理想に忠実に生きているのであれば、それに対する批判を気にすることはありません。

もっと突き詰めてお伝えするなら、「気にしても気にしなくても、どちらでもいい」のではなく、「決して気にしてはならない」のです。気にすることで、あなたがそれをやめてしまうなんてことが起こると、「あなたが役割を果たすことで幸せを享受できたであろう人たち」の機会を奪うことになるからです。

良い、悪いではなく、このような言動に対する**心ない批判の多くは嫉妬心から生まれます。**

たとえば、権力者と言われる人が定めた制度に反対ならば、自分がそれ以上の立場まで突き進んで、その制度をひっくり返せばいいだけの話です。

もし「ひっくり返すのは自分の役割ではない」と思うのなら、そもそも影響力を持っていないということなので、何を言おうが、何も変わりません。ところが、この「ひっくり返す」行動には相当なエネルギーが必要で、困難が伴います。

その覚悟が持てないときに批判という行動が生まれるのです。この嫉妬は大なり小なり誰の心にも存在する煩悩の一つですが、限度を超えると、その人の人生を破壊します。

仏教にも諸説ありますが、人間には108個の煩悩があるとされ、なかでもひとときわ根源的で厄介なものを三毒といいます。「貪《とん》・瞋《じん》・癡《ち》」がそれにあたります。「貪」とは、際限なくむさぼることで、「瞋」とは怒り、妬《ねた》み、恨みのような不快な感情で、「癡」とは無知なことです。仏教で克服すべきこととして心の三毒と言われています。多くは他人と自分を比較することで生まれます。

自分よりも成長している人が、どのような手段でそこに到達したのかを知ることは、あなたの成長を促します。そのために自分と他者を比較することは有益です。しかし**比較が過ぎると優劣や序列をつけるようになります。**

さらに、ここで人生を破壊する力を持った「嫉妬」という煩悩《ぼんのう》が生まれるのです。やはり、ここでもカギを握るのはバランスです。

たとえば、雑誌などでよく「〇〇ランキング」などの記事が特集されます。これなどは、ただ優劣をつけるだけで成長につながる要素を持ち合わせていないのなら、人間の愚かさの象徴といえるでしょう。

嫉妬に巻き込まれてはいけません。**あなたの人生に他人からの評価などいらない**のです。

ただ、もう一度確認しておきますが、バランスは重要です。これが傍若無人《ぼうじゃくぶじん》に変わると課題が生まれるので注意してください。

とはいうものの、小学生の頃から私たちは他者からの評価にまみれた世界で過ごしてきたわけですから、いきなり社会に出て「評価を気にするな」と言われても、すぐにそんな感覚にはなれないというのもわかります。ましてや大抵の会社は上司の評価ですべてが決まる制度ですから、それを無視することもできません。

そこで、**今日から「プライド」と「誇り」を区別してみてはいかがでしょうか。**辞書で引くと同じ意味の言葉ですが、人生ではこれらを区別することをお勧めします。

「プライド」とは、他者との比較により生じる差別的意識と定義しましょう。自分はあいつより「仕事ができる」「成績がいい」「学歴が高い」「収入が上だ」「異性にもてる」などがそれにあたります。

これは常に自分と他人を比較して、自分が勝っている部分を認識しなければ、自らが保てない状態にあることを意味します。つまり、人間としての自分に全く自信が持てず、劣等感の塊であることの証左なのです。

そして上には上がいるため、簡単に他人から打ち砕かれる運命にあります。

この**「プライド」を手放せないと、人生を「勝ち組」「負け組」と捉え始め、血まみれ確定です。**なぜなら、自然の法則により勝ち続けることなど不可能だからです。

他者との比較を成長に使えば人生は「吉」優劣に使えば人生は「凶」

覚えておいてください。**優越感の正体は劣等感である**ということです。だから、あなたが他人に対して優越を感じたときは危険信号です。

そんな比較などしなくてもいい。自分は存在自体が素晴らしいのだと心の中で繰り返し、地獄に突き進む人生を一刻も早く軌道修正してください。

ちなみに嫉妬を含め、煩悩を智慧《ちえ》の剣で断ち切り、迦楼羅焔天《かるらほのおてん》の吐く灼熱《しゃくねつ》の炎で焼き尽くしてくださるのが「不動明王《ふどうみょうおう》」と言われています。

では、「誇り」とは何でしょうか。

「誇り」とは己が己に与える誉《ほま》れであると定義しましょう。本書で何度も言っていることですが、誉れは「自分は自分でいい」「自分はやるべきことをやっている」という信念から生まれます。

これは自分の生まれてきた役割を認識し、粛々とそれを全うしているという静かな自信にあふれた状態であることを意味します。そして、他人から打ち砕かれることは決してないのです。

人間の悩みごとのほとんどは、先ほどから再三お伝えしている**「他者との比較」によって生まれます。**役割が全く違う相手を自分と比較することが、いかに無意味であるかに早く気づくことが、あなたのゆるぎない人生を約束します。

さあ、少しは心ない批判をはねのけるあなたになれそうですか?

締めくくりとして、2人の偉人の言葉を贈ります。

坂本龍馬「世の人は我を何とも言わば言え　我がなす事は我のみぞ知る」

西郷隆盛「人を相手にせず天を相手とせよ　天を相手にして己を尽くして人を咎めず、
　我が誠の足らざるを尋ぬべし」

ここまで「あなたという素材をどう磨くか」に関してお伝えしてきました。しかし、それを実行に移し自分磨きにいそしんでいても、人生では不幸ごとに見舞われて投げ出してしまいたくなることが何度かあると思います。そんなとき、再び立ち上がる勇気さえあれば必ず果実は実ります。

次の章では、その勇気が手に入る捉え方をご紹介しようと思います。

第5章

転んでも立ち上がる勇気を持つ

――「幸」と「不幸」はつながっている

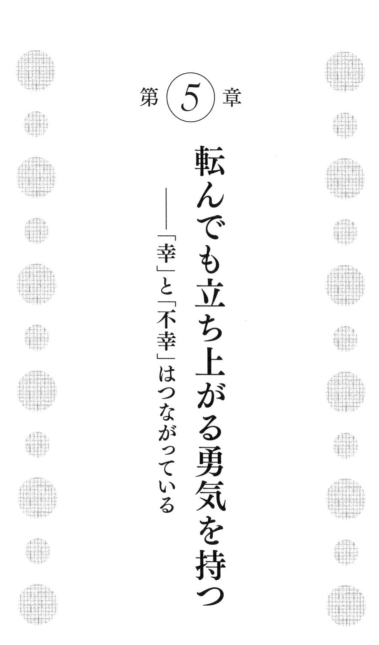

人生に「100%良いこと」も「100%悪いこと」も起こらない

「人間万事塞翁《さいおう》が馬」のお話をご存じでしょうか。

中国・前漢時代に老人（塞翁）が飼っている馬が逃げ出して胡人《こじん》（異民族）の住む地域に行ってしまいました。村人が「災難だったね」と老人を慰めると、彼は「そうとも限らないよ」と平然としていました。数カ月後、逃げた馬がなんと良馬を数頭引き連れて戻ってきます。

今度は村人が老人にお祝いの言葉をかけました。すると老人は「良くないことが起こるかもしれないね」と答えました。すると老人の息子が乗馬中にその馬から落ちてケガをしてしまいます。「大変でしたね」と村人が言うと、老人は「これは吉兆《きっちょう》かもしれないよ」と答えました。

ほどなくして胡人との戦争が始まりました。村の若者は兵隊に駆り出されほとんどが戦死してしまったのですが、息子だけはケガのため戦争に駆り出されることもなく生き残ることができました。これが「塞翁が馬」の故事です。

エピソード1　「塞翁が馬」からiPS細胞は生まれた

この故事を「身に染みて実感してきた」と話すのが、iPS細胞の研究で2012年にノーベル生理学・医学賞を受賞した山中伸弥京都大学教授です。彼は講演でノーベル賞を受賞するに至る道程を振り返って、こんな話をしておられました。

「私が医師免許取得後、整形外科医の研修医として勤務したのは、新設の大病院でした。初めての勤務先がこのような病院であったことをラッキーと思ったものです。ところが、責任者の教授が大変厳しい方でした。自分が不器用なせいもあったのですが、2年間、毎日どやしつけられました。名前も山中と呼んでもらったことなどなく〝じゃまなか！〟です」

これで自信を失った彼は、外科医のキャリアをわずか2年間で捨てて、研究医になることを選択します。大阪市立大学大学院薬理学教室で研究を開始しました。

その後、論文が認められ、アメリカ留学を実現して成果を上げたものの、日本に帰ってきた山中教授はアメリカと日本の研究環境の落差に愕然《がくぜん》とすることとなります。

実験用のネズミ数百匹の世話を毎日自分でやらなければならなかったので、研究に没頭することができませんでした。また当時は、iPS細胞の重要性が認知されていませんでした。

つまり、その研究自体、実用性が低く、それを後ろめたく思ってしまった彼は、うつに近いところまで追いつめられてしまったのです。

「オレは研究医としてもダメな人間か」と思い悩んだ彼は、偶然、自宅近くにいい土地を見つけたこともあり、報酬の高い外科医に戻ることを決意します。

土地購入は迷う心に区切りをつけるためでした。ところが、契約日の朝、実家の母親から電話があり、思いがけない話をされたのです。

「伸弥、おまえ、土地を買うそうだが、ゆうべ亡くなったお父さんが夢に出てきて、絶対に買ってはいけない、と言っていたからやめなさい」

山中教授は「35歳にもなるいい大人をつかまえて、それはないだろう」と思ったものの、不動産会社に電話をして契約を一日延ばしてもらうことにしたのです。すると夕方、その会社から電話があり、他に買い手がついたので、そちらと契約したことを告げられました。

このとき、彼は余計なことを言った母親を恨んだそうです。結局、研究者を続けざるを得なくなった彼に、やがてもたらされたのはノーベル賞受賞の知らせでした。

これらのエピソードから学べることは、**「人生では幸せと不幸はつながっている」**ということです。

日本の頭脳ともいえるノーベル賞受賞者の山中教授でさえ、この法則から逃れることはできないのです。つまり、これは万人の人生を支配する普遍の法則といえそうです。

エピソード②　私の「禍福はあざなえる縄のごとし」人生

ならば自分の人生はどうなのか？　というわけで、大変恥ずかしくおこがましいことですが、少し深く私のことをお話しします。

ちなみに、この法則への理解が、場合によってはあなたの命を救うこともあります。

私が生まれた実家は１６００㎡の豪邸でした。祖父が立ち上げた紳士服問屋卸業の会社が高度経済成長の波に乗り、財を築いたのです。

幼少期には欲しいものすべてが買い与えられ、わがまま放題で何不自由なく育った私は、絵にかいたようなバカ息子へと成長します。

勉強は大嫌いで、しんどいことからことごとく逃げる生活を続ければ、当然、大学入試など突破できるはずもありません。それが3年の浪人につながりました。

浪人中もパチンコ・麻雀三昧《ざんまい》で、受験生とは思えない生活が続きます。

そんなとき、祖父から会社を引き継いだ父が商売に失敗してしまうのです。家からすべてのお金がなくなり、破産しました。22歳のときです。土地家屋をすべて売り払い、夜逃げ同然の転居となりました。

幸いにも「以前、祖父に世話になった」という方が恩返しとして援助をしてくださったおかげで何とか食いつなぐことはできましたが、バカ息子の放蕩《ほうとう》を許す余裕など当然ありません。

突如としてラストチャンスとなったその年の入試で、奇跡が起こります。入試前日に予備校で解いた数学の問題が、大問一問、そのまま出題されたのです。50点の配点があったと記憶しています。鉛筆を持つ手が震えました。夢中で答案用紙を埋めたその大学の学部だけから、たった1通の合格通知が舞い込みました。

しかし、学費はおろか生活費もありません。なんとかそれを捻出するために、一番時給の高いバイト先を探しました。それが塾講師のアルバイトでした。

講師として採用されたのはよかったのですが、最初、生徒からの評価はボロボロで給料などほとんどもらえませんでした。その塾では講師の給料が生徒からの評価で決まるシステムだったからです。

生徒から罵声を浴びる日々に耐えきれず、辞表を書いては破る日が続きました。泣きながら誰もいない教室で一人模擬授業を演じる日もありました。そんな私を見ていた一人の先輩講師が、手取り足取りトップ講師への道を示してくれたのです。

熱い指導でした。何としてでも大学に通いたいという気持ちも手伝って、その先輩の指導の下、講師に必要なさまざまなスキルを徹底的に磨き始めます。

自分で言うのも変ですが、まさに寝食を忘れ、授業準備に没頭しました。そのおかげで徐々に評価が上向き、給料も上がり、やがて「指導講師」というトップ講師だけに付与される称号をいただくようになりました。

自分の取り組みに対して、1年ごとに合格実績という明確な評価が下される仕事で、そこにも大きなやりがいを感じた私は、この仕事にどっぷりとはまります。

もちろん大学にも4年間通学することができました。ちなみに、その大学の1年次で同じクラスになって、つきあい始めた女性が今の妻です。

ただ、当時塾の講師は学校の先生と違い、不安定な仕事であるという認識がありました。

卒業の年、塾講師の仕事を継続したいという思いを抱きつつも、その彼女が銀行に就職すると聞いて私も銀行を選びました。銀行員の仕事を理解し、覚悟を決めての就職ではなく、根拠薄弱な動機で選んだ職場です。

ほどなく、この仕事は自分には合わないと思い始めます。元来、辛抱などできない情けない私は、結局、その銀行を40日で退職することになりました。時代はバブル経済がはじける直前、平成2年のことです。

仕事のあてもなく、フーテンのような生活を送る中で人としてボロボロになっていく私を救ってくれたのは、バイトでお世話になった塾の人事部長さんでした。「銀行を辞めたのなら戻ってこい。責任者のポストを空けて待っているから」と言ってくださいました。

彼はバイト時代の私の頑張りを高く評価してくれたのです。なんと、初任給60万円という破格の提示をいただきました。その塾に舞い戻り、今度は社員として生徒指導に当たる日々が続きました。ところが、その2年後に大きな事件が起こります。

当時、その塾の組織図には「理事長」「学園長」という肩書があり、理事長はその塾のオーナー（設立者）で、学園長は現場の最高責任者とはいえ、雇われ社長でした。

理事長は授業を担当せず、社員講師からもかなり距離のある方でしたが、学園長は実に365日（つまり、年間休日0日で）休まず授業を担当しており、社員講師やバイト講師の面倒見も最高の方でした。

保護者会があれば必ず前面に出て、全責任を負いながら生徒たちの受験合格を請け負うのです。当然、事情を知らない生徒や保護者は学園長に全幅の信頼を置き、彼がオーナーだと思うようになります。これが理事長には許せなかったのでしょう。

学園長降ろしが始まりました。そして、私が舞い戻ってから2年後の春、理事長派と学園長派の対立は塾の分裂へと発展します。

この分裂劇は当時「灘中高合格者数全国1位の塾のお家騒動」ということで、全国紙すべての新聞で報道され、テレビのドキュメンタリー番組でも放送されるという大事件となりました。

結果、学園長派であった私を含め、8名の講師が経営陣となって新たな塾ができ上がるのですが、そこからの法廷闘争は長きにわたる泥仕合となります。

ほどなく自宅に裁判所のハンコが押された1億円の損害賠償請求が届きます。無理もありません。理不尽な扱いがあったとはいえ、お世話になった塾に迷惑をかけたのは事実です。

しかし、新塾にはもちろん生徒はいません。全員給料ゼロで踏ん張らねばならない状況でした。しかもオンラインなどない当時、塾は教室を構える必要があり、この不動産物件の契約だけでも億単位の金が必要になります。全員で資金を出し合いましたが、焼け石に水で、いつつぶれてもおかしくない状態でした。

そんな訴訟を抱えて、来月どうなるかもわからない状態の新塾に資金を融通してくれたのがT信用金庫A支店の支店長さんでした。しかし、古巣の塾も、理事長のプライドをかけて仮処分申請を矢継ぎ早に起こしてきます。

教室さえうまく立ち上がらないその間にも支出は続き、さらなる資金が必要となったとき、当時、彼女であった今の妻が結婚資金を取り崩してくれました。

そして何とか開校までこぎつけたとたん、新塾は行列ができる塾へと駆け上がっていき、経営陣の一人であった私は、いきなり報酬120万円を手にするようになります。これが27歳の時です。

ここから後半が始まり、「両親が立て続けに急死」「高校受験部の衰退で役員を辞任し、立ち上げた塾を退社」「新会社の設立で大借金生活の始まり」「出版でベストセラー」「友人との共同経営」「友人との決別」「全国のお客さまからの救いの手」「新型コロナウイルスの蔓延《まんえん》による再びの大借金生活」と私の人生は続くのですが、このあたりにしておきましょう。つまらぬ人生におつきあいいただき、ありがとうございました。

人生どん底のとき、誰かが助けてくれる生き方

さて、振り返って、4つのことに気づかれたでしょうか？

まず、「裕福な家庭に生まれた」ことは幸せです。しかし、「破産」「3年の浪人」

という不幸がやってきます。ところが、次に訪れたのは「高収入のバイト」を見つけ、「彼女と出逢う」という幸せです。でも、せっかく就職した銀行を退職し、「フーテン」でボロボロになっていきます。こんな視点で見ていくと、まず次のことがわかります。

1 「人生では幸せと不幸は交互にやってくる」

さらによく見てみると、驚くことに気がつきます。

実家の破産はつらい出来事でしたが、それがあったおかげで私は塾講師という天職を見つけだしています。さらに3年の浪人は不幸な出来事ですが、そのおかげで私は未来の妻と出逢えています。

生徒からの評価が低く辞めようと思った時期はメンタルが壊れかけましたが、その状態になったからこそ先輩講師の指導を受けることができ、トップ講師にもなれたわけです。

銀行の退職でボロボロになっていきましたが、それがあったおかげで塾から破格の待遇で迎えられました。

分裂で大変な状況になりましたが、それがなければ新塾の発展も120万円の報酬もなかったはずです。このことから次のことがわかります。

②「すべての不幸は次の幸せにつながっている」

まだあります。裕福な家庭に生まれず、厳しくしつけられていたら3年の浪人をせず、家業が傾く頃に就職していたでしょう。塾講師のバイトでのやりがいを感じていなければ、銀行の仕事に馴染《なじ》もうと努力していたかもしれません。

塾に舞い戻り、60万円の初任給を喜びましたが、すぐに分裂による1億円の損害賠償請求が突き付けられました。

ということは、次の法則も成り立っているということです。

③「すべての幸せは次の不幸につながっている」

そして、気づいてほしい最後です。実家が破産でどん底のとき、恩返しとして援助をしてくださった方がいました。

生徒評価がボロボロのとき、手ほどきしてくれた先輩講師は、まさに地獄に仏でした。銀行を辞めたときに助けてくれたのは塾の人事部長でした。

分裂のときに救ってくれたのは、T信用金庫の支店長と今の妻である彼女でした。

ということは……

4「人生のどん底のときに助けてくれる人がいれば、次の幸せは約束される」

誰にでも人生の危機はやってくるのです。そのときに**「あいつが困っているなら助けよう」と周りの人に言ってもらえるような生き方を普段から心がける**ことです。もし、それができれば、あなたは人生を心配する必要などないということなのです。

ところで、あなたはどんな人なら助けたいと思いますか？

相手によって態度を変えることなく、あなたを見下さず、悪口も言わず、批判することもない。あなたにいつも親切で、損得勘定（自分の利益ばかり追求して損なことはしないという基準）で行動をすることなく、不平不満や愚痴《ぐち》を言わない。

それでいて、何度こけても目の前の課題にひたむきに取り組み続けて、あなたに勇気を与えてくれる人間がもし困っていたなら、「多少の犠牲を払ってでも、その人を助けたい」とは思いませんか？

これらの中に「勉強ができる」「仕事ができる」「学歴が高い」「お金持ち」などといった条件など一切出てこないのです。

もちろん、勉強や仕事ができることは素晴らしいことだし、学歴が高いのも、お金があることも素晴らしいことです。しかし、それによって自分の優越を示すために人を見下したり、自分さえよければいいという行動をとったりしていると、人生で調子のいいときはガンガン突き進めるでしょうが、低迷したときに誰も助けてくれません。それればかりか、ここぞとばかりに追い打ちをかけてくる人も出てきます。泣きっ面に蜂の状態になってから気がついても手遅れです。

肝に銘じてください。**あなたの人生の幸せを約束してくれるのは、「能力」でも「お金」でもなく、「誠実な生き様」**だということなのです。

すべての格差は捉え方の違いで生じる

では、これらの法則を知ったうえで、その時々でベストチョイスをするためには何を訓練すればよいのでしょうか。

このときに知っておいてほしいのは、「人生の格差はすべて捉え方の違いで生じている」ということなのです。具体的にお伝えします。

認知心理学という学問があります。人間は目の前の「事象」をまず「認知」し、それによって「感情」が生まれ、感情から「行動」を起こし、「結果」を手に入れます。

「事象」↓「認知」↓「感情」↓「行動」↓「結果」

今、ある「問題行動」から不本意な「結果」が得られたとしましょう。このとき、認知心理学では、その原因は「問題行動」ではなく「認知」にあると考えます。

「認知」とは目の前の事象をどう捉えるか、人や物をどう捉えるかという捉え方のことです。この捉え方の歪みを是正することによって「結果」は変化するというのです。

たとえば、「入試不合格」という事象を「無価値な人間の証《あかし》」であると認知すると、「自分はダメだ」という劣等感が生まれ、「引きこもりや投げやり」という行動につながり「閉ざされた人生」という結果を招く可能性が出てきます。

しかし、この事象を「自分に何かを教えるために起きた」と認知すると、「この経験ができたことはついている」という感情が生まれ、「うまくいかなかった原因を追究する」という行動をとり、「次回の成功と成長」が手に入る可能性が高まります。

同じ「入試不合格」という一見、不幸な事象に出くわしても、捉え方さえしっかりしていれば、結果は満足のいくものになるのです。

逆に「入試合格」という事象に出会ったときを考えてみましょう。

これを「他人より優秀な証」と認知すると、「歪んだ優越感」がわき起こり、その感情は「他人を見下す」という行動につながり、「孤独な人生」が待っているかもしれません。

でも、「成長の過程」と認知すると「成長する自分への誇り」が芽生え、「さらなるチャレンジ」が始まり、「充実の人生」を歩む可能性が高まります。

同じ「入試合格」という一見、幸せな事象に出くわしても、捉え方に歪みがあると結果は意図せぬものになるのです。

以上のことからはっきりと言えることは、**起こる出来事に良いも悪いもない**ということです。

つまり、**どんな人生を歩むかは、その出来事に対するあなたの捉え方次第だということなのです。**

生まれてきたことをどう捉えるか。生きていくということをどう捉えるか。死をどう捉えるか。幸せをどう捉えるか。不幸をどう捉えるか。勉強をどう捉えるか。仕事をどう捉えるか。恋愛をどう捉えるか。結婚をどう捉えるか。本当の友達とは何か……。

あなたの身近にあるあらゆる事象を、あなたがどう捉えるかであなたの人生が決まるのです。

そして、今まで本書で述べてきたことも、実はかつて幸せな人生を送った人たちが、それらをどう捉えてきたかをまとめているに過ぎないのです。

ならば、かつての彼らに共通した、人生を思い通りに生きることができる最強の捉え方はないのでしょうか？

あります。それを私は師匠とあがめる鈴木博先生から**「自分が源泉」**という言葉で伝授されました。

「うまくいく人生」「愚痴を言い続ける人生」を分ける、たった一つの捉え方

「自分が源泉」とは、**「身の回りで起こる出来事は、すべて自分が創り出した結果で**

ある」という立場をとって、それと向き合う捉え方のことです。このままでは誤解が生じやすいので、さらに深くお伝えします。

この捉え方は、出来事の原因や責任を追及するものでは全くありません。目の前の事象を自分が創り出したと捉えることで、「自分が創ったものであれば、自分に創りかえる（結果を変える）力がある」という思考へと自らをいざない、人生における主体性を取り戻す考え方なのです。

塾講師時代の事例で説明しましょう。

たとえば、どう見てもやる気のないクラスがあったとします。もちろん、授業中の集中力も全くないし、宿題もやってこない。このような事象に出くわすと、たいていの講師は「授業がうまくいかないのは生徒にやる気がないからだ」と考えます。もちろん、それも原因の一つでしょう。

しかし、ここで違う捉え方をしてみるのです。**「この状態を創り出したのが、もし自分だとしたら」と捉えてみる**のです。

ここで重要なことは、良い、悪いという尺度を決して持ち込まないことです。

「だから、自分が悪い。自分はダメなリーダーだ」という概念などナンセンスもいいところです。

少し話がそれますが、この世界に「宇宙善悪大辞典」など存在しません。「善」「悪」といった概念は、ある時代のその国の一部の人間が勝手に定義したものであり、時代や国が変わったり、大衆の考えが変わったりすれば簡単に変更されてしまうものです。だから、人生で出くわす事象を「善か悪か」という二元論で語るのは避けた方が賢明です。

本書ではことあるごとに「良い、悪いではなく」という言葉が出てきていると思いますが、その都度、これをお伝えしなければならないほど、私たちは「善悪」で物事を捉えてしまいます。

実はこの「善」「悪」の概念は人間の持つ歪んだバイアスの中でも特に始末に負えないもので、戦争はこれによって引き起こされていると言っても過言ではありません。先述のように、**この世に「善」も「悪」もありません。あるのは「快」「不快」です。**

私たちは自分にとって「快」と感じるものを「善」とか「良い」とか「正しい（正義）」と表現し、「不快」と感じるものを「悪」とか「悪い」とか「間違い」と表現しているのです。

表現は自由なのですが、他人の言動を善悪の二元論で語るとトラブルが起こりやすくなります。

というのも、「快」「不快」という表現はその人の感覚であり、さまざまな感じ方があっていいとおおらかに受け取る人が多いのですが、これが「善」「悪」という表現になったとたん、絶対的なものと受け取る人がほとんどだからです。

そもそも陰陽の法則でお伝えしたように、善の中にも悪の側面が潜んでいるのですから、すべての事象は曖昧なものなのです。

曖昧なものを見ると、得てして人間は白黒をはっきりさせようとしてしまいますが、それを続けると、やがて小さな認識違いが積み重なり、とんでもないミスにつながります。

話を戻しましょう。

「授業がうまくいかないのは生徒にやる気がないからだ」という捉え方を「この状態を創り出したのがもし自分だとしたら」に変えると、何が起こるのでしょうか。実は計り知れないメリットが生まれます。

よく考えると、前者は「状況を決めているのは生徒であり、生徒が改善しようと思わない限り状況は永遠に変わらない」という捉え方です。言い換えると、これは「自分にはこの状況を変える力は全くない」ということを認める捉え方です。

本来ある行動をとることで状況は変わるはずだったのに、その可能性を最初から排除してしまうわけですから永遠にその状況は変わりません。そして、「生徒がちゃんとしないから……」と愚痴を言い続ける人生が始まります。

しかし、後者の捉え方をすると「今の状況は生徒が創り出している部分もあるとは思うが、もし、自分にこれを変えていく力があるとすれば一体、何ができるだろう」

となり、改善に向けての一歩を踏み出すことにつながるのです。

一歩を踏み出せば、それがわずかであっても必ず何かが変化します。それを積み重ねることで「積小為大の法則」が働き、やがて大きな変化が起こります。

この自分が源泉という捉え方は、あなたがあなたの人生を思い通りに生きるためにどうしても身につけてほしい捉え方です。人間は都合の悪い事象に出会うと、つい他人や環境のせいにしてしまいます。

「あいつさえいなければ……」「あんなことさえ起こらなければ……」。この捉え方をしている限りあなたは「あいつ」や「あんなこと」に永遠に支配されて生きていくことになります。

これを「すべては自分が創り出した。つまり、自分にはすべてを創り出せる力がある。ならば、この状況を変える力も自分にある」と捉え直すことで、あなたは目の前の課題を必ず突破します。

なぜなら、以前伝えたように、あなたの目の前の課題は紛れもなくあなたの課題なのですから。

さて、自分が源泉の捉え方ができるようになれば、「人生で大きな選択を迫られたときに決して間違わない判断基準」をお伝えすることができます。

迷ったら、「楽な方」より「成長できる方」を選べ

あらゆる事象は誕生すれば成長を始め、やがて成熟し、衰退していきます。宇宙にさえ寿命があると言われていますから、万物を支配する法則といえるでしょう。

ということは、本書を読んでいるあなたが成熟から衰退に向かっているのでなければ、あなたはまだ成長過程にあるはずです。

ここに人生の選択を迫られたときのヒントが隠されています。

AとBのどちらを選ぶかで迷ったときは、ズバリ「どちらを選べばより成長できるか」という視点で選ぶことです。なぜなら、自然は成長を促すからです。

もちろん、最初はしんどいことがあると思いますが、しばらくすると自然が味方についてくれます。あなたは突き抜けていくでしょう。

そして、命の危険があるような場合は別として、**より成長が望めるのは多くの場合、安易な方ではなく困難な方の選択肢なのです。**

しかし、ここで多くの人が「どちらを選べば、より成功できるか」、もしくは「どちらを選べば、より楽か」という基準で判断してしまうのです。これは近道に見えて最も遠回りになってしまう選択です。

自然は成長を促しますが、成功を促すわけではないので、どこかで足元をすくわれることになるからです。また、**楽な方を選ぶと成長が遅くなります。**ですが、安心してください。成功は成長することで必ずついてきます。

冒頭でお伝えしましたが、春にならねば桜は咲かぬように、すべてのことに時期があるのです。結果を焦る必要などありません。いや、焦ったところで思い通りの結果が手に入ることなどありえません。

もし、何らかの幸運でいったん手に入っても、それは見事にこぼれていく運命にあります。因果の帳尻は必ず合うのです。

そして、しかるべき時期に収穫を願うのであれば、あなたがやるべきことは、それまでの間、とにかくひたすら成長を目指すことです。

冬に土壌を整えることもせず、春に種をまくことを忘れ、夏に歓楽に耽《ふけ》り、秋になって慌てて収穫に動いたところで何を得られるのでしょう。地中深く根が張る前に、果実をつける植物などないのです。だから、安心して成長を目指してください。より困難な道を選べば自然が味方につくのです。

さて、この法則に従って最終的に甲乙つけがたい選択肢が残ったなら、あとはどれを選んでも同じです。なぜなら、そこまで悩んだということは、どちらにもそれなりにメリットとリスクが混在しているということだからです。

そのとき必要なのは、「『こちらを選んで正解だったね』と言える未来を迎えられるように全力を尽くす」という捉え方です。

ちなみに、どれを選んだとしても、困難は必ずやってきます。この困難が大きければば大きいほど、人間は「別の選択肢を選んでおけばよかった」と後悔します。しかし、これほどナンセンスな捉え方はありません。別の選択肢を選んだときに遭遇していたであろう困難が、今より小さなものだったとどうしてわかるのでしょうか。

そもそも困難が大きいということは成長著しいということですから、むしろベストチョイスだったわけです。

人生で「反省」は有益、「後悔」は無益

ところで、成長の速度は人によって違います。なかなか芽が出ないと、「本当にこの道でよかったのか？」と不安になる気持ちが誰にでも出てくるでしょう。そのとき、あなたに必要な力は確信する力です。

２０２１年9月19日、ヤクルトスワローズの村上宗隆内野手が21歳7カ月で１００号ホームランを達成して話題を呼びました。これまで清原和博選手が持っていた21歳

9カ月の記録を抜いたのです。

村上選手の出身は熊本・九州学院高校です。この高校の初練習で彼のホームランバッターの素質をひと目で見いだしたのが坂井宏安監督です。1年生の彼に対する監督の指導は「ゴロは一切打つな」でした。

坂井監督の指導上のモットーは**「打てなかったときに反省はいいが後悔はダメ。後悔は前に進まない」**というものでした。

監督のこの強い信念が、まれに見るホームランバッターを生んだといえるでしょう。

「信じる」という言葉を辞書で調べると「真実であると思うこと」とあります。「思うこと」なのです。つまり、「信じる」ことに理由などいらないのです。

まだ起こっていない未来を信じることが、どんなパワーを秘めているのでしょうか。

逆上がりの練習をしている子がいたとしましょう。あなたはそれをサポートしています。しかし、何度やってもうまくいかない。やがて、その子は「もうあきらめる」と言い出しました。このとき、あなたはどんな言葉をかけるでしょうか？

おそらく、「もう少し頑張れば？ 必ずできるようになるから」といったようなことを伝えるのではないでしょうか。

その際、あなたはその子に「逆上がりができるようになっている未来の映像」を見せることなどできません。ひたすら「まだ起こっていない未来を信じよう」としか言いようがないわけです。

でも、そのアドバイスを受け入れてあきらめずに頑張った子は、逆上がりができるようになるのです。

信じた子だけが成果を手に入れる。人生でも同じことが言えるのです。

目の前に幅3m、厚み1m、長さ15mの、まず折れない鉄板があるとしましょう。その上を歩くのは容易《たやす》いことです。

しかし、この鉄板が高層ビルの屋上にかけられると、とたんに歩けなくなります。同じ幅、厚み、長さの同じ鉄板なのに、結果は正反対になります。

違いはたった一つです。確信が持てるか持てないかの違いです。

確信を持つことで渡ることができる橋が人生にはたくさんあるのです。

選択の際の捉え方をお伝えしてきましたが、もう一つ優先順位の捉え方もお伝えしておきたいと思います。

あなたの人生に起こる出来事には、それが「緊急」か「緊急ではない」か、「重要」か「重要ではない」かで、4つのパターンに分類できます。

1「緊急」かつ「重要」な出来事
2「緊急」だが「重要ではない」出来事
3「緊急ではない」が「重要」な出来事
4「緊急でもなく」「重要でもない」出来事

たとえば12月に入れば「受験生にとっての入試」は1に分類されるでしょう。同じ年末でも「元日に届くように年賀状を書く」というのは、よほどのことがない限り2でしょう。

形骸化した朝のミーティングなどは4かもしれません。

この分類の中で①の出来事が頻繁に起こると、あなたの生活は破壊され、それをクリアするためにコストがかさみ、人生は疲弊していきます。もちろん、困難は人を成長させるのですが、バランスは大切です。

言い換えると①の出来事が頻繁に起きないようにコントロールすることで無理のない成長が実現します。

では、①の出来事は、なぜ起こるのでしょうか？　それは③を放置するからなのです。

具体的な事例でお伝えします。③に分類される事柄に「毎日の適度な運動や野菜中心の食生活を心がけること」があります。これは今日やらなくても問題は起きません。つまり緊急ではないのです。

でもとても重要です。これを放置して不摂生を続けていると、ある日突然、心筋梗塞等の病気が襲いかかり、「緊急」かつ「重要」な出来事、つまり①に変化します。

先ほど12月に入れば「受験生にとっての入試」は①に分類されると書きましたが、これでさえ「日々の学習の定着」という③の事柄をおろそかにしなかった人にとれば、すでに実力がついており、入試は緊急にはならず、1の領域には入ってこないのです。

ということは、豊かな人生を送りたいのなら、あなたにとって優先順位のトップは3の領域にある事柄だということです。


「緊急ではないが重要」な事象が人生のトッププライオリティであることを念頭に置いて、あなたが日常生活で費やしている時間を前記4パターンに割り振ってみてください。そして、どのパターンに多くの時間を割いているかを確認してください。

ちなみに、ボーッと見ているバラエティ番組やスマホのゲームなどは、特別な事情がない限り、おそらく4の領域です。


さあ、いろいろお伝えしてきましたが、本章もそろそろ終わりが近づいてきました。この章最後の問いかけをしたいと思います。

「幸せな人」と「不幸な人」の境界線はどこにあるのでしょうか？

年収でしょうか？　もしそうなら、境界の金額はいくらですか？　500万円？　1000万円？　それとも1億円？

「そんなの人によって違うし、はっきりした境界なんてないです」という答えが返ってきそうですね。

実は「幸せな人とはどんな人ですか?」という問いに反論の出ない答えが一つあります。

「自分は幸せだと思っている人」です。この人を不幸にすることは不可能です。なぜなら、何があってもその人は幸せだと思っているのですから。

ならば逆に「不幸な人はどんな人ですか?」という問いに対する答えも明白ですね。「自分は不幸だと思っている人」です。この人を幸せにすることは不可能です。なぜなら、何があってもその人は不幸だと思っているのですから。

この事実から導かれる結論は、「誰もあなたを『幸せ』にも『不幸』にもできない。その力を持った人は自分自身だけである」ということです。

よく言われる「幸せは自分の心が決める」という言葉を論理的に説明するとこうなります。

「貧しい人」とはいくらあっても満足できない人、「富める人」とは今あるもので満足できる人

これが理解できれば、次の問いかけは簡単でしょう。

「貧しい人」と「富める人」の境界線はどこにあるのでしょうか？

「貧しい人」は「多くを持たない人」で、「富める人」は「多くを持っている人」であるという答えがナンセンスであることはもうおわかりだと思います。

「貧しい人」とは、「どんなに多くを手に入れても、もっと欲しい、もっと欲しいと決して満足できない人」で、「富める人」とは「今あるものでもう十分だと満足できる人」なのです。

この捉え方ができるかどうかは、人類の未来を左右するかもしれません。

以前、動物の生態を特集している番組で放送されていた内容に、とても興味深いものがありました。録画をするタイミングを逸してしまったので細部が正確ではないかもしれませんが、アフリカ・コンゴのジャングルで、こんな実験が行われました。

自然な環境下では、普段、サルたちは果実や小動物などを探して集団で分け合っています。そのジャングルのサルたちに、人間の手で有り余るほどの餌を与えるとどうなるか。

通常では手に入らないような、おいしい食べ物を有り余るほど人間が用意し続けたのです。サルたちはどんな変化を見せたでしょうか？

普通に考えると、食べきれない食料を手に入れたわけですから、なんの心配もなく、優雅に暮らせると考えますよね。私もそう考えて番組を見ていました。しかし、なんとサルたちの間で争いが始まったのです。

それは徐々にエスカレートして、ひどいときには殺し合いまでするようになりました。食べ物がないから奪い合うのではなく、食べ物がたくさん与えられたことで生じた奪い合いです。

これと同じことは人間の世界でも起こっています。理論的に解説したいと思います。

戦後の日本は誰もが貧しかった時代です。それゆえに助け合いがあり、声をかけ合って生きることができました。なぜなら、みんな同じ状況にあったため、他人の気持ちが手に取るように理解できたからです。

「向こう三軒両隣」とか、「遠くの親類より近くの他人」という言葉がそれをよく表しています。つまり、物質的に貧しい時代の心は豊かだったのです。

ところが、高度経済成長を経て、この国はこんなにも物質的に豊かになりました。すると、ほとんどのことが自分一人で完結できるようになりました。家にいながらネットで欲しいものを検索し、キャッシュレスで購入。その品物は指定した日時に家に配送され、宅配ボックスを利用すれば誰とも顔を合わすことなくそれを手にすることができます。

本来、どんな品物でも、それが完成するまでには気の遠くなるような労力と資源が費やされています。それを開発した人たちや、デザインした人たち。それに必要な資源を採掘した人たちや、それを運んだ人たち。

運ぶために必要な燃料を掘り出した人たちや、掘り出すための機材を造った人たち。その資源を生み出した地球。地球を生み出した宇宙。あなたが手にするあらゆる品物が、このような過程を経て生み出されています。

しかし、クリック一つで翌日に手に入れることができるという環境下では、そんなことに想いを馳せる人はほとんどいません。これでは他人の気持ちを理解しろという方が無理でしょう。そこに人間の際限なき欲望が拍車をかけます。

「もっと豊かに、もっと豊かに」と。すると何が起こるか。「まだ足りない。まだ足りない」と、どれだけあっても満足できない貧しい者たちが奪い合いや争いを始めるのです。こうして人類の歴史が戦争の歴史となり、歴史は繰り返します。

足るを知らぬものはいつまでも貧しい

この言葉を語るとき、思い出す人がいます。南米のウルグアイ（人口340万人ほど）のホセ・ムヒカ大統領（在位２０１０年〜２０１５年）です。

彼は大統領在任中は収入のほとんどを貧しい人たちに寄付し、大統領公邸にも住まずに質素な生活を続けたことなどから、「世界で最も貧しい大統領」として知られていました。

そんなムヒカ大統領が２０１２年にブラジルで開催されたリオ会議で、「無限の消費と発展を求める社会は、人々を、地球を疲弊させる。発展は幸福のためになさなければならない」と世界に訴えたのです。

リオ会議とは環境と開発に関する国際会議のことです。２０１２年の会議でムヒカ大統領は、「持続可能な発展と貧困をなくす」というテーマの困難さから演説を始めました。

「ドイツの人が一世帯で持つ車と同じ数の車をインドの人が持てば、この惑星はどうなるのでしょうか。息をするための酸素がどれくらい残るのでしょうか」

と問いかけます。

こう問われて、酸素より自動車（発展）が大切と反論する政治家はいないはずです。

さらに彼は問いかけます。

「西洋の富裕な社会が持つ同じ傲慢《ごうまん》な消費を、世界の70億～80億人の人たちができるほどの原料が、この地球にあるのでしょうか？　それは可能なことでしょうか？」

消費に価値を置く社会では、いずれ原料が枯渇するのは目に見えています。

ムヒカ大統領は続けます。

「私たちは発展するために生まれてきているわけではありません。幸せになるためにこの地球へやってきたのです。

人生は短いし、すぐ目の前を過ぎてしまいます。命よりも高価なものは存在しません。ハイパー消費が世界を壊しているにもかかわらず、高価な商品やライフスタイルのために人生を放り出しているのです。消費が世界のモーターとなっている世界では、私たちは消費をひたすら早く、多くしなくてはなりません。このハイパー消費を続けるためには、商品の寿命を縮め、できるだけ多く売らなければなりません。ということは、10万時間も持つ電球を作れるのに、1000時間しか持たない電球しか売ってはいけない社会にいるのです。

そんな長く持つ電球はマーケットに良くないので、作ってはいけないのです。人がもっと働くため、もっと売るために『使い捨ての社会』を続けなければならないのです。悪循環の中にいることに、お気づきでしょうか」

ムヒカ大統領は欲望を無限に拡大させる「消費社会」に注意深く警鐘を鳴らすと同時に、政治家として世界を良導し、マーケットをコントロールしていくことを各国首脳に求めます。

また、**発展が幸福の対向にあってはならない**、人類の幸福を目指さなくてはならないと重ねて訴えます。

ムヒカ大統領の演説をひとことで言えば、等しく世界が求める経済発展とは、イコール幸福ではないと強く注意を促したことでしょうか。

またムヒカ大統領が演説中に引用した古代ギリシャの哲学者セネカの言葉も印象的でした。これは彼の信念を表す言葉と言っていいでしょう。

「貧乏な人とは、少ししか物を持っていない人ではなく、無限の欲があり、いくらあっても満足しない人のことだ」

日本にも**「小欲知足《しょうよくちそく》」**という仏教用語があります。解説する必要はないかもしれませんが「欲を少なくして、満足することを知る」という意味になります。ムヒカ大統領の演説はこの言葉と深くリンクします。

私は使い捨ての消費社会に生きる人間として、次のように自戒しています。物質的に豊かになることは素晴らしいことですが、ある程度不自由を感じなくなったなら、「ああ、自分は満たされている」と思うことです。

自分にないものばかりを見て、あれも欲しい、これも欲しいと思うのではなく、まずは今あるものに感謝する生き方はいかがですか？

第⑥章

人間関係に悩むあなたへ

——嫌いな人・苦手な人があなたの中からいなくなる捉え方

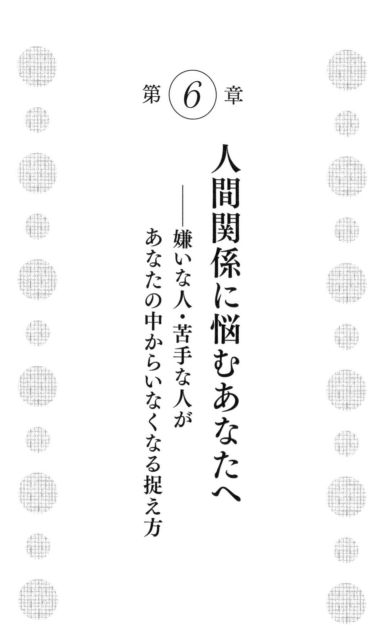

「他人」は変えられない、「自分」は変えられる

ここまで、あなた自身の磨き方や人生に対する捉え方などさまざまなことについてお伝えしてきました。しかしそれらはすべて基本的に自分というフィールド内での事柄です。つまりある意味コントロールしやすかったのですが、ここに他人の存在が出てくると、とたんに制御が難しくなります。

なぜなら、**過去と他人は変えられない**からです。過去に関して変えることができるのは、その出来事に対する自身の捉え方であり、他人が変わるとすれば、その人自身が気づいたときだけです。

そこで、この「制御が難しい人間関係」に悩む前に知っておきたい事柄をいくつか挙げておきましょう。ただ、1000人いれば1対1の人間関係だけでも4950通り生まれます。これが「3人で」「4人で」となっていくとさらに複雑になり、その

一つひとつに関してマニュアルをつくることなど不可能であり意味もありません。

こんなときは「押してダメなら引いてみな」のように、ざっくりした格言的な法則の方が有効です。それを意識してお伝えしましょう。

自分の言動が、「怖れ」からか「愛」からか見分ける

ここでは第1章で少し触れた内容を再度お伝えしながら、さらに深めていきたいと思います。実は、人間の言動はすべて次の4つのどれかから発生しています。

1 「愛されたい」「満たされたい」という欲求
2 「嫌われたくない」「飢えたくない」という防衛反応
3 「自分への存在承認」からくる慈愛
4 「他人への存在承認」からくる慈愛

①と②の本質は同じです。これをまとめて**「怖れの床」**と定義しましょう。③と④の本質も同じです。まとめて**「愛の床」**と定義したいと思います。そして私たちの言動のほとんどが「怖れの床」からのものです。

たとえば、最低限の食事や睡眠など生活の基盤をなす行動はすべて②からのものですし、豪華な食事や旅行に行くというのは①からのものになります。

自分の言動を客観視することを「メタ認知」といいますが、普段、あなたの言動がどちらの床から発生しているかを常にメタ認知することで、自分の生きぐせがわかるようになります。

そして全く同じ言動でも、床が異なれば結果は正反対になります。さらに、これが真の人間関係を構築する入口になります。

では、どうすれば自分の怖れがどこに存在するのかを認識できるのでしょうか。

それは**あなたが思わずウソをついてしまったり、これだけは絶対に許せないと思ったりするのはどんなときかを考えれば見えてきます。**

なぜなら、その言動は生まれた瞬間からそうであったのではなく、幼少の頃、「それが愛されるための条件である」と魂に刻む出来事があったために引き起こされたものだからです。これこそが記憶の届かないところで暗号化された体験で、そこにあなたの見えざるトラウマがあります。

たとえば「頼まれると断れない」というケースを考えてみます。

本当は断りたいのに断れないという言動は、自分の心にウソをついたことになります。これは間違いなく怖れの床からの言動です。

断ることによって「失うと思っている何か」があり、それを怖れているはずです。「失うと思う何か」は人によってさまざまですが、それを失うと生存に関わるという原体験を幼少の頃にしているはずです。

冒頭でも少し触れましたが「ボランティア」という行為も「自分の偉大性に触れたい」「素敵な人だと思いたい、思われたい」という気持ちから行えば、それは「怖れの床」からくる行為であり、相手からの「ありがとう」という言葉が重要な対価となります。

ですから、感謝の言葉が全く返ってこなければ、「こんなにしてやっているのに、感謝くらいしたらどうだ！」と怒りがわき起こりやすく、続かない場合が多いのです。
逆に「愛の床」からの行為であれば、相手からの感謝などあってもなくても気にならないので、継続できる可能性が高まります。

これは良い、悪いではありません。あなたの言動がどちらの床からきているのかを知っておくことがとても重要なのです。

それがわかるようになると、他人の言動がどの床から発生しているかもわかるようになります。

たとえば、上司があなたのミスを叱ったとしましょう。
それが「自分の権威を示したい」「リーダーシップを疑われたくない」という「怖れの床」からの叱責であれば、その上司をしっかりと立てて、上司の権威を失墜させたことを詫びるなど、怖れを取り除くようなコミュニケーションをとることで、その場を繕うことができます。

しかし、その上司が「あなたの成長を心から願い、同時にリーダーとしての自分の成長も目指そう」という「愛の床」からの叱責だった場合、その場しのぎの対応は逆に不快感を与えます。

人間関係の課題が発生するのは「怖れの床」からの言動ですが、残念ながら私たちは毎日のようにこれをやってしまいます。

相手を変えることはできませんが、あなた自身はいかにそれを「愛の床」からのものに変えていくかを心がけてください。それによってトラブルが大きく減ってきます。

「嫌いな人」は「自分」を映す鏡

嫌いな人とは、どんな人でしょうか。

人間は自分に決して許していない言動を平気でやってのける人が嫌いです。

「遅刻はダメだと強く思っている人」は「時間にルーズな人」が大嫌いです。
「誰にも分け隔てなく丁寧に接することを信条としている人」は「立場の弱い人に横柄な態度をとる人」が許せません。

では、なぜ、それを自分に許していないのでしょうか？　その価値観はいつ手に入れたのでしょうか？

そうなのです。**「許せない人」「嫌いな人」と向き合うということは、自分のトラウマと向き合うことと同じなのです。**苦しいわけです。

「四苦八苦」という仏教用語があります。「生老病死」の四苦に加えて「愛別離苦《あいべつりく》」「怨憎会苦《おんぞうえく》」「求不得苦《ぐふとくく》」「五蘊盛苦《ごうんじょうく》」で合計8つの苦しみのことですが、この中の「怨憎会苦」が嫌いな人と出会う苦しみという意味です。

お釈迦さまでさえ耐え難い苦しみだと言っているわけですから、私たちならなおさらです。

ならばここで、その**嫌いな人の言動を「あっていい」と思えるようになったなら、あなたの人間としての成長は計り知れない**ということになります。

そのために手に入れたいキーワードが「赦《ゆる》し」と「感謝」です。

本当の「赦し」とは、相手ではなく自分の怒りを手放すこと

あなたがAさんという人が嫌いだしましょう。でも、もしあなたが「Aさんが過去に受けたものと同じ体験」を余儀なくされたなら、あなたもAさんのようになっていたかもしれません。たまたまその体験をせずに済んだので、そうはならなかっただけかもしれないのです。

人は「自分が自分に許していないことを平気でやってのける人」を嫌うとお伝えしましたが、それを見たときに、「ひょっとすると、とてつもなくつらい経験がそうさせているのかもしれない」と思うことができたなら手放しにその人を嫌うことが減り、怒りを（抑制ではなく）自然に手放すことができるようになるかもしれません。

赦すとは、相手に対してとる行為ではなく、自らを怒りから解き放つことと定義し

てください。

過去に私が聞いた中で「究極の赦し」と思える話があります。

四国の愛媛県、清流で有名な四万十川にほど近い山あいの町に高田商店さんというお醤油やぽん酢などの醸造元があります。

全国から注文が寄せられるほど、とてもおいしいぽん酢醤油をつくられているのですが、そこのお知り合いの方に、以前こんな悲しいことがありました。

小学校に入ったばかりのお孫さんが、放課後に自転車で遊びに出かけ、道路に飛び出したところを運送会社のトラックに轢《ひ》かれて亡くなってしまったのです。

葬儀の日――運送会社の社長さんと運転手さんは、孫を失ったおばあさんに土下座をしたまま動きませんでした。それで赦されるとは思えない。でも、そうする以外になかったのです。すると、おばあさんは、こう言われたそうです。

「どうか、頭を上げてください。この子はこの年齢でこの世を去る運命だった。そのきっかけとなる、こんな嫌な役目をあなた方に背負わせてしまって申し訳ない」

その言葉を聞いて、運送会社の社長さんと運転手さんは肩を震わせながら、その場で泣き崩れました。

そして、3年後。なんと、事故を起こした運送会社は、警察から最も安全運転に力を入れて、愛媛県の事故率減少に大きく貢献した会社として表彰を受けるまでになりました。

もう二度と絶対にあんなことは起こさない。運送会社の社長はじめ社員全員が信念を貫いた結果でしょう。

このおばあさんは、相手を赦したのではないのです。自分の怒りを自然な形で手放したのです。

真の赦しのエネルギーは人を変えることがあるのです。

嫌いな人との出会いはチャンス

真の赦しを手に入れるときに重要なキーワードが「感謝」ですが、これにも難易度があり、3つのレベルが存在します。

レベル1　何かをしてもらったときに感謝する心
レベル2　あって当然と思うことに感謝する心
レベル3　自分に降りかかる困難や災難に感謝する心

レベル1は説明不要だと思います。レベル2の感謝が引き起こすことについては、先述した「仙台市にあるS塾の夏季合宿」のエピソードでお伝えしました。

では、レベル3の感謝について考察しましょう。

これまで「すべての不幸は次の幸せにつながっている」とお伝えしました。この不幸な出来事の中に「嫌いな人との出逢い」も含まれているという捉え方です。

「人生では、大嫌いな人が極めて重要なことを気づかせるために、絶妙のタイミングで現れてくれる」

これは以前、師匠の鈴木先生から言われた言葉です。

たとえば、あなたが会社で上司や先輩の指示をしっかりと受け入れ、一生懸命働いたとしましょう。

休みの日にも自己啓発を続け、さまざまな知識を身につけたあなたは、仕事で大きな成果を上げ続けます。同僚が困っていたら嫌な顔一つせずにそれを手伝い、やがてあなたは多くの仲間から信頼を得るようになり、地位や報酬も上がりました。

でも、それに対して嫉妬心を抱いた先輩社員のAさんがいました。挨拶をしても無視されます。Aさんが伝えるべき大切な情報もあなたにだけは教えてくれません。

自分に非はないと思いつつも、人間関係を修復しようと積極的にAさんに仕事の教えを請いに行きますが、「こんなこともわからないのか」とマウントをとられて冷たくあしらわれます。

もし、こんなことが起これば腹が立ちますよね。わかります。

さて、Aさんの言動が「怖れの床」からのものであることは疑いようのない事実ですが、「その怖れが嫉妬となって表出している」のであれば、これは極めて危険な状態です。

すでにお伝えしたように、嫉妬は数ある人間の煩悩の中で最も恐ろしい「三毒」に入っているものです。自分自身を破滅に追いやるだけでなく、暴走すると、時には恐ろしい殺意へと簡単に変化します。

では、この状況をどう捉えると、豊かさに向かうのでしょうか？

「怒り」が「感謝」に変わる捉え方

実は、どんな状態であっても、人間関係はフィフティフィフティです。例外などありません。

前記の場合、はた目から見てもAさんに原因があると思ってしまいますよね。

しかし、あなたにも少なからずAさんの劣等感を刺激し、過剰な防衛（攻撃）反応をとらせてしまう何かが必ずあるのです。

学校でいじめがあったときなどは「いじめた側」に非難が集中しがちです。もちろん彼らは例外なく愛に飢えています。しかし、「いじめられた側」にも必ず何らかの原因があるのです。

こういうと不快感を示す方が一定数おられますが、陰陽の法則を理解していれば、この世のすべてが陰（または陽）だけで埋め尽くされるということなど起こりえないことは簡単にわかるはずです。

これは善悪ではありません。その双方の原因に目を向けない限り、真の解決など望むべくもありません。

ここでお勧めしたいのが**「Aさんは何か重要なことを気づかせるために、絶妙のタイミングで現れてくれたのではないか」**という捉え方です。

もし、今回Aさんがこのような言動をとってくれていなければ、あなたは「自分の言動が嫉妬を生み出す可能性がある」ことに想い至らず、次に出逢うかもしれないプライドと残虐性の高い人から、ひょっとしたらとんでもない危害を加えられていたかもしれないのです。あくまで可能性の問題ですが、一度あることは二度あり、二度あることは三度あるのです。

そう捉えると、これはAさんが「自らの心身の崩壊」を賭して、あなたに重大な何かを教えてくれているということになります。

つまり、Aさんはあなたを悲劇から救ってくれた恩人と言えるわけです。

これこそレベル3の「自分に降りかかる困難や災難に感謝する心」なのです。

私自身もこのレベルに到達するには修行があまりに足りませんので、偉そうに言える立場ではありませんが、少なくともこの捉え方をすれば、これ以上事態は悪化しないでしょう。それができたなら、一度実行してみるとよい手法があります。

「お願い」や「警告」より、「ほめ」と「感謝」が効果的

あなたが、もし「自分の人生に他人からの評価はいらない」というレベルにまで成

長を遂げていたとしても、他人から感謝されるのはやはり、うれしいものです。

初仕事で大きな感謝を得られたことが、その仕事にハマるきっかけになった事例など星の数ほどあります。

そして、お金以上のやりがい、仕事の本質的な価値に触れることができるので、その後も伸びていく可能性が高まります。初仕事で受け取る感謝は、初任給以上の価値を持っているのです。

塾の管理職として新人講師を育成していたときに、保護者の方にこんなお願いをしたことがあります。

「お父さん、お母さん。最初は新人の講師ということで、ご心配もおありでしょうが、ご安心ください。僕たちが必ずフォローします。ですから、一つお願いがあります。最初は、ちょっとしたことでもいいので、講師に『ありがとう』を伝えてやってください」

フラフラしていて見るからに心配な講師もいましたが、保護者の方から感謝を伝えられると、その言葉が栄養となってグングン伸びていくのです。そうして自信を持った新人講師は偉大なる勘違いによって一生懸命、子どもたちと向き合っていきます。

そして、気づけば、その評価がふさわしい講師へと成長を遂げているのです。

策略的に聞こえるかもしれませんが、劇的な効果は想像を絶するものでした。これを**「ほめ」と「感謝」の先渡し**といいます。

こんな張り紙やポスターをお手洗いで見かけたことはありませんか？

いつもきれいに使っていただき、ありがとうございます。

全国の駅や商業施設、公共空間でよく見かけるメッセージですが、その始まりがJR博多駅だったと、ある方の講演会でお聞きしました。

よく考えてみたら不思議なメッセージです。駅などのトイレを利用する人は不特定多数ですよね。はじめて利用する人に向かって「いつも〜」と感謝されるのはおかしいでしょう。

なんだか初対面の人から「いつも素敵な笑顔ですね」と言われているみたいに、うれしい半面、心にもない言葉を聞かされているような感覚です。

なぜ、このようなメッセージをトイレに掲げることになったのか？

ひと頃の駅のトイレといえば、落書きがあったり、ゴミが捨てられていたり、お世辞にもあまり居心地の良い空間ではありませんでした。

なかなかきれいにトイレを使ってもらえないことに悩んでいたＪＲ博多駅で働く方々も、最初は「あなたのマナーが問われています」「落書きを見つけたら警察に通報します」というような警告を発していたそうです。

しかし、一向にトイレの利用マナーは良くならない。そこで、お願いや警告をして効果がないのなら、逆に、トイレをきれいに使ってもらっている前提で感謝してみたらどうだろうと、「ほめ」と「感謝」の先渡しをしてみたのです。

すると、不思議なくらいトイレが汚されなくなりました。効果があったわけです。これが評判を呼び、各地のお手洗いで同じように「ほめ」と「感謝」の先渡しメッセージが掲示されるようになったそうです。

また「いつも整列乗車にご協力いただき、ありがとうございます」というような応用バージョンも登場しました。「ああ、そういえば、いつの頃からか、そんなメッセージが増えたなぁ」と改めて思い出しますよね。

「ほめ」と「感謝」の先渡しは、ひそかにいろいろなところで使われています。

たとえば、幼稚園のベテラン保育士さんは、いつも友達にちょっかいを出して泣かせてしまうような子たちに、こう言ってあげるそうです。

「○○ちゃんは、いつもお友達にやさしくしてくれるから、先生、うれしいなぁ」

すると、少しずつでも本当にそのとおりになっていくそうです。

人は誰でも周囲からレッテルを貼られるものですが、実際、そのとおりの人間になっていきます。

だとしたら、あなたに対する嫉妬心を持ったAさんにそれをやってみるのはいかがでしょうか。

エピローグ

今日、あなただけの奇跡の物語が始まる

さまざまなエピソードを通して人生を支配する法則を考察してきましたが、そろそろお別れの時がきたようです。

未来に大きく羽ばたくあなたに、尊敬する「メンタリング・マネジメント」の創始者・福島正伸先生の言葉を借りて最後のエールを贈ります。

豊かさの女神は人生をあきらめなかった者に微笑む

どれだけ自分が頑張っても、思うようにいかない。そんなことが続くと、徐々に希望が失われていき、多くの人があきらめてしまいます。もちろん、私も例外ではありません。「与えたものは返ってくる」などと言われても、そんな言葉を信じられなく

なる出来事が人生では次々に発生します。

それでも与え続けることは、いつの日にか大きな奇跡を起こすことがあります。

ラリー・スチュワートさんという米国の慈善運動家のエピソードをご紹介しましょう。

たった1枚の20ドル札から生まれた奇跡
――シークレットサンタ物語

1971年11月、ミズーリ州に住むラリー・スチュワートさんは、23歳のときに勤めていた会社が倒産し、路頭に迷います。食べるものにも困る極貧の日々。フラフラになりながら町を歩いていたときに、1軒のレストランのショーケースが目に入ります。

色とりどりのおいしそうなメニューを眺めるうち、彼は思わず店の中に入り、気がつけば注文をしていました。まるで身体の細胞すべてが食道と胃袋になったように、夢中で運ばれてきた料理をたいらげたのです。

そして、フーッと一息ついた瞬間、我に返ります。お金を1セントも持っていないのです。

「このままでは無銭飲食で捕まってしまう……」

どうしたら、お店の人に気づかれずに店を出られるだろうか。頭の中は、逃げ出すことでいっぱいになります。

その姿はさぞ挙動不審だったことでしょう。そのとき、ウェイターがスッと近づいてきて、テーブルの下にかがみこむようにしながら、こう言いました。

「この20ドル札、あなたのですよね？　落とされてますよ」

そう言ってほほえむと、ラリーの手に20ドル札を握らせたのです。彼は、夢中でそれを握り締めました。

（ラッキー！　誰かが落としたんだ！　オレはなんてツイているんだ！）

20ドル札で支払いをして、「本当の落とし主が現れる前に……」と、逃げるようにしてレストランをあとにします。しかし、しばらく歩いているうちに彼は気づくのです。

「あんなに都合よく、お金が落ちているわけがない……。そうか、あのウェイターが助けてくれたんだ」

彼はそのとき、何もお返しができない自分のふがいなさを悔しく思うとともに、そのウェイターに心の中で手を合わせて感謝したのです。

しかし、その後も彼の人生は苦難の連続でした。一念発起して警備会社を起業します。やがて結婚もし、子どもも授かるのですが、1977年、世の中の不況に見舞われ、あえなく倒産。

「どうしてオレだけが、こんな想いをしなければならないんだ！」

再びその日の食事にも困ったラリーは、とうとう銀行強盗を企てます。そして、犯行に及ぼうと銀行で様子をうかがい、まさに実行に移そうとした、そのときでした。彼の目に飛び込んできたのは、カウンターの上に置かれた20ドル札です。

その途端、ラリーの脳裏には、あの日、見知らぬウェイターから受けた、愛にあふれる行為がよみがえってきたのです。

「彼はあのとき、見ず知らずのオレを助けてくれた。本当なら、そのお返しをしなければならないはずなのに……。オレは今こうやって、他人のお金を強奪しようとしている。なんて情けないいんだ」

そしてラリーは、すんでのところで銀行強盗を思いとどまるのです。

「あのウェイターに二度も助けられたんだ」と、彼は再び心の中で手を合わせました。

その後、親戚を頼ってセールスの仕事に就きますが、そこでも会社が傾き、整理解雇されてしまいます。

（なんてツイてないんだ……）

その日は奇しくもクリスマス。茫然自失《ぼうぜんじしつ》な状態で家路につく途中、ふと目に入ったポップコーンの売店に何気なく立ち寄りました。ところが、オーダーとは違う品が出てきたのです。

（どいつもこいつもバカにしやがって。ふざけるなよっ）

ラリーは怒りを露わに店員をにらみつけると、ポップコーン売りの女性はとても暗い表情をしています。

（オレと同じだ。そうか、彼女も困っていることがあるんだ……）

そう思ったラリーは、とっさにお釣りの中から20ドル札をつまみ出すと、女性に手渡したのです。驚いて「受け取れない！」と断る女性に、ラリーはこう言いました。

「これはクリスマスプレゼントです。メリークリスマス！」

暗かった女性の顔に笑顔が戻りました。それを見たラリーも幸せな気持ちになりました。

その直後、ラリーのとった行動は、自分でも思いがけないものでした。銀行に行き、なけなしの貯金を下ろし、赤い服とベレー帽、黒のサングラスに白のオーバーオール姿で困っている人、貧しい人に「メリークリスマス！」と20ドル札を配り歩いたのです。

これが〝シークレットサンタ〟の始まりでした。


収入がほとんどない彼にとって、わずかな貯蓄は、まさに命綱でした。でも、それを配り歩いてしまったのです。家に戻ると、妻から「銀行にお金が残っていなかったわ」と言われたラリーは、とっさに「落としたんだ」とウソをつきました。

すると、妻は怒るどころか「仕方がないわね。でも、あなたはとても幸せそうな顔をしているわね」とほほえみながら、ひとことも文句を言いませんでした。


その後、ラリーは友人と長距離電話会社を興します。なんとか成功させようと必死になって働きながらも、シークレットサンタの活動は続けていました。

不思議なことに、毎年シークレットサンタとしての活動を活発にすればするほど、会社の業績は上がり、軌道に乗り始め、長年の切り詰めた生活から抜け出していく彼がいたのです。

やがてラリーは、家族のために家や新しい車を買えるまでになっていきました。

この頃、ラリーの妻も街中でシークレットサンタの噂を耳にするようになりました。ラリーはまだ家族にもこのことを言っていなかったのです。

そして、ラリーが活動を始めて9年目のクリスマス。とうとう妻に正体を気づかれてしまうのです。

「すまない。大切なお金を配ってしまって……」

ラリーの行動を知った妻は、こう言いました。

「どうして謝るの？　素敵なことじゃない。これからはもっと節約して、たくさんの人に喜んでもらえるよう、私にも協力させて」

シークレットサンタが噂になると、マスコミが取材に押し寄せるようになりました。

ラリーは自らの名前を一切明かさないことを条件に取材を受けました。メディアに取り上げられたことで、この活動は全米中の話題になっていくのです。

それからラリーは、2001年の世界貿易センタービル爆破事件や2005年のミシシッピ州で起こったハリケーンによる大規模災害など、全米に活動の場を広げて、クリスマス以外にもホームレスや職を失った人たちの力になっていきました。

それまで自分がシークレットサンタであることを一切明かさなかったラリーですが、食道がんに侵され、余命がいくばくもない状態になったとき、はじめてメディアの前で姿を明かしました。

それは、他人を思いやり、人を救う気持ちをみんなに引き継いでほしいというメッセージを送るためでした。

そのことが全米に報道されるや、2日間で7000通もの励ましと自分もシークレットサンタとして活動したいという手紙やメールが殺到したのです。

2007年1月12日。ラリーは、この世を去りました。27年に及ぶ活動で配った金額は150万ドル以上。シークレットサンタ協会には世界中から申し込みがあり、今もクリスマスには各地でシークレットサンタが活動しています。

ラリーは亡くなる前に、あの日、自分を救ってくれたウェイターを探し出しました。

そのウェイターの名はテッド・ホーン。

「あの20ドルがなかったら、私はおそらく刑務所に入っていたでしょう。心より感謝しています」

ラリーは、自分の人生を正しい方向に導いてくれたお礼に、テッドへ1万ドルの入った封筒を手渡しました。

「受け取れない」と言うテッドに、ラリーは「今の自分があるのはあなたのおかげだ」と引き下がりませんでした。

テッドは、あのとき無銭飲食をしようとしたラリーを警察に突き出すのではなく、自らの過ちに気づき、他人へのやさしさを知ってほしいと思って20ドルを差し出したことをラリーに告げました。

そして、それをずっと覚えていて、シークレットサンタの活動を続けていたことに心からの敬意を表し、手渡された1万ドルを、近所の病気で困っている人たちや生活が苦しい人たちのために使ったのです。

与えることができたとき、人生は満ち始めるのです。

これはおとぎ話のようですが、現実にあった話です。

ここで大事なことは、ラリーが自分の理想に忠実であろうとし、感謝の思いから苦しい状況下ではじめの一歩を踏み出した勇気と、どんなことがあっても人生をあきらめなかった決意です。

これを見習うことで、あなただけのシークレットサンタ物語が始まるはずです。

おわりに

人生はうまくいくようにできている

最後まで読み進めていただき、ありがとうございました。

ここまで読み進めてくれたあなたには、もう釈迦に説法ですが、若いうちに自分への存在承認が確立されている人は、どんな苦しい状況になってもそれに耐えることができます。

やる気になるとか、人生を楽しく生きるとかいったことは、結局はどれも存在承認ができていなければ始まらないことばかりだと気づいていただけたと思います。

いや、むしろ本書でお伝えしてきたさまざまな事例や気づきは、「あるがままの自分を心の底から、「素晴らしい存在である」と認識できるところが、すべての基盤になっているということを、角度を変えて繰り返し述べてきたに過ぎないのです。

世の中には、あるがままの自分では愛されないと感じている人が大勢います。もし、あなたがコミュニケーションで課題を感じていれば、相手の存在承認を満たすことを考えれば、おそらくうまくいくでしょう。

相手が何を大事にしていて、どんなことがあったときに心から喜べるのか。それを感じ取りながら、相手の承認欲求を満たす最善の方法を最後にお伝えします。

それは「聴く」ということです。

私の経験上、最良の方法です。

「聞く」ではなく、「聴く」です。

ただ相手の話を聞くのではなく、目と耳と心をもって聴くことで、自己承認欲求は大きく満たされるのです。

アメリカのハーバード大学の神経科学者たちが行った脳の画像診断と行動に関する研究で、面白いことが明らかになりました。

「人は、自分に関係がないことよりも、自分自身のことについて話をしているときに、お金や食べ物を得られるのと同じくらい喜びの報酬を脳の中で呼び起こしている」というものです。

実験では政治的な話題に答えたら、いくらかのお金がもらえ、個人的な趣味や嗜好について答えた場合には、お金の報酬が少なくなるようにしました。

それでも、ほとんどの人が、お金が少なくても、自分の好きなことや大事なことについて話す方を好んで選んだというのです。

セルフディスクロージャー（自己開示）するということは、それほど人間にとって快感なのですね。

子どもたちが相手であれば、その子の食べ物や趣味の好き嫌いなどをたくさん話してもらいます。

卓球部でうまくなりたいという子がいたら、ちょっと早く教室に来たときに、「最近、卓球どう？　うまくなった？」と尋ねます。

自分が大切にしていることを気にかけてくれる人がいたら、それだけでうれしいものです。

相手の話から、今何を欲しているのかを知って、相手のために何かできることはないだろうかと考えることが「聴く」ということです。

これって、何かと似ていませんか？

そう、恋愛です。好きになった相手のことは、なんでも知りたいと思う気持ち。そして、相手の望みを知り、喜んでもらうために、それを提供したいという気持ち。

誰に教えられるわけではなく、みんなそうやってきたのです。

ただ、そうやって相手のことを考えてあなたが行動を起こしても、それを拒否されるケースはたくさんあります。

その中には、純粋に「自分の力で乗り切りたい」と思っている人もいるでしょうし、「誰かの力を借りるなんて申し訳ない」、あるいは「プライドが許さない」と思い込んでいる人もいるでしょう。

でも、人間は、誰だって一人で生きていける存在ではないのです。誰かがつくったお米を食べ、誰かがつくってくれた衣服を着て生きているのです。

時に「すべて自給自足で生きています！」という方もおられるかもしれませんが、それだって畑の土は自分でつくれたわけではないし、畑の養分を分解して運んでくれる微生物も自分でつくり出したものではないはずです。

すでに多くを与えられて生きているのならば、困ったときに人の力を借りたくないというのは、ある意味もったいないことともいえるでしょう。

ですから、あなたも、誰かが救いの手を差し伸べてくれたなら、笑顔で「ありがとう。助かったよ」と素直に受け取ってほしいのです。

他者への感謝があれば、人の力を借りることも人に力を貸すことも当たり前だと思うのです。

そうした**「貸し借り」があって自分という人間が生きている。そう感じることができたなら、素直に「ありがとう」という言葉しか出てきません。**

感謝を知るとは、自分を知るということです。自分の命を知る。自分という人間を知る。自分という存在を知る。あなたにとっての幸せもそれを知ることから始まるのでしょう。そして、それは永遠に最終形の答えにはたどり着けない旅でもあるのです。

でも、そのあくなき追求の中で、他人への感謝というものが、社会とのつながりというものが、あなたの幸せというものが生まれてくるのです。

本書「プロローグ」で目に見えるものはすべて現象で本質は見えないとお伝えしました。あなたは自分の姿が見えますよね？　ということは、あなたの身体は現象で、本質は別にあるということです。

でも、身体がなくなれば存在そのものが消えると思っている方も大勢いらっしゃるようです。私は身体が消えた後の世界を見たことはありませんが、この事柄をある程度、論理的に説明することはできます。

あなたのペンを燃やせば、あなたも燃えますか？　そんなバカな話はないですよね。なぜなら、あなたとペンは別のものだからです。でも、そのペンはあなたが所有しています。ですから「私のペン」と「の」という助詞を所有格として表現します。「の」という助詞にはさまざまな用法がありますが、どの用法も名詞が述部本体である場合には使用しません。

言い換えると「の」で表現するということは自分とそれは別物であると認識しているわけです。

もし、ペンを燃やしてあなたも燃えるのであれば、名詞が述部に対して本体を表すので、たとえば「私はペンです」と主格を用いて表現する必要があります。

では、質問です。あなたに見えている身体を、あなたはどう表現しますか？　何の疑いもなく「私の身体」と「の」という助詞を使って表現しませんか？　つまり、あなたはどこかで、自分と身体は別物であると認識しているのです。もし、身体がなくなると同時に、あなたの存在も消えてしまうのであれば「私は身体」と表現するべきです。

あなたが普段、「私の身体」という言葉を使っているのであれば、身体は現象であることをどこかで感じているはずです。では、あなたの本質は何であるか。もうわかりますよね。

さて、もう一つ興味深いことを提示させてください。本文中で陰陽の法則をお伝えしました。森羅万象すべてには相反するものが存在し、相互に支えあっていると。ですから、表があれば、見えなくても必ず裏が存在している。

では、質問です。「この世」は確かに存在しています。ならば、それに相反するものは一体何でしょうか？

私はその世界を今この瞬間、見たことがないので論理しかわかりませんが、この世が目に見えているのであれば、それは間違いなく現象です。本質は目に見えないのです。その世界をどう表現してよいかはわかりませんが、「本質の世界」として存在していることは論理的に考えて否定しようがありません。

相反するものは、対極に位置しすべてが逆になります。それゆえ、相反しながら、互いを支えあうのです。

それならば、「この世」の対極にある「本質の世界」の価値観は、「この世」の価値観とすべて逆になるということです。

目に見える「この世」で欲深き者が追いかけるのは、良い、悪いではなく、目に見えるお金であり、目に見える高級車であり、目に見える豪邸であり、目に見える豪華な食事です。そしてそれらを手に入れた者が称賛される価値観の世界です。

その現象が消え去り、「本質の世界」へと戻るとき、そのヒエラルキー（ピラミッド型の階層）は一気に逆転します。

だから、大切なものを見失わないでください。バランスを保ちながら、何事も過剰にならないように、あなたの豊かさを追求しつつ、周りの豊かさも実現するべく人生を歩むのです。

豊かな人生は、突然、コウノトリが運んできてくれるものではありません。

豊かになろう、向上しよう、進化しよう、自分を知ろうと真摯《しんし》に歩むあなたのその一歩一歩によって、あなたがどれほど周りに望まれている存在なのか、そして、どれほど周りに支えられている存在なのかを何度も再発見しながら、残す足跡。

その足跡を振り返ったとき、「ああ、自分は豊かだったんだ」と感じる一瞬に真の幸せがあるのではないでしょうか。

〝本当の幸せ〟は、すでにあなたの手の中にあります。もっとその価値を理解できるよう、そして、多くの人に分かち合えるよう、どうか自分を信じて磨き続けてください。

最後に……。

多くの方に支えられてこの本が完成しました。

まず、この拙著の出版に際し、敬愛する株式会社本物研究所代表取締役社長の佐野浩一さまから素敵な推薦文をいただきました。彼の洗練されたセンスと懐の深さに、いつも私は魅了されています。本当にありがとうございます。

また執筆にあたって、私が大きな薫陶《くんとう》を受けた方が3人おられます。お一人目は、私の大好きなベストセラー作家である喜多川泰さんです。どの著書を拝読しても、生きる勇気がみなぎってくる「喜多川ワールド」からいつも素敵な、そして深い学びをいただきます。ありがとうございます。

さらに、『私が一番受けたいココロの授業』（ごま書房新社）の執筆者である比田井和孝さんと比田井美恵さんです。何度も泣きながら読み終えたときに、心が澄みわたる体験は衝撃でした。感動の学びをありがとうございます。

そして本書には仏教や心理学に由来するエピソードが出てきますが、これらの多くは株式会社人材研究所代表取締役の曽和利光さんから教えていただきました。彼は塾講師時代の同僚で、心理学に精通し、内面を見抜く深い洞察力をお持ちです。採用に関して超一流のプロフェッショナルで、彼の発信する情報は気づきに満ちています。本当にありがとうございます。

最後にこの本の完成まで、編集者としてずっと伴走して下さったのが株式会社青春出版社の野島純子さんです。いつも本質を捉えた的確なご指摘をしてくださいました。彼女のサポートがなければ、本書が世に出ることはなかったでしょう。この場を借りて深く御礼申し上げます。

木下晴弘

著者紹介

木下晴弘

1965年、大阪府生まれ。同志社大学卒業後、学生時代に大手進学塾の講師経験で得た充実感が忘れられず、銀行を退職して同塾の専任講師になる。生徒からの支持率95%以上という驚異的な成績を誇り、多数の生徒を灘高校をはじめとする超難関校合格へと誘う。学力だけではなく人間力も伸ばす指導は生徒、保護者から絶大な支持を得た。現在、株式会社アビリティトレーニングの代表取締役として、全国の教育機関や企業向けのセミナーを実施。独自の「感即動～感動は人を動かす」教育は、モチベーションを高めるセミナーとして、社員研修・人材育成でも大好評。受講者は40万人を超え、仕事や人生に役立つ感動エピソードが人気。著書に、『ココロでわかると必ず人は伸びる』(総合法令出版)、『涙の数だけ大きくなれる！』（青春文庫）などがある。

HP:https://www.abtr.co.jp

人生《じんせい》の見《み》え方《かた》が大《おお》きく変《か》わる「対《つい》」の法則《ほうそく》

2024年2月29日　第1刷

著　者　木《きの》下《した》晴《はる》弘《ひろ》

発行者　小澤源太郎

責任編集　株式会社プライム涌光
電話　編集部　03(3203)2850

発行所　株式会社青春出版社
東京都新宿区若松町12番1号〒162-0056
振替番号　00190-7-98602
電話　営業部　03(3207)1916

印刷　大日本印刷　製本　大口製本

万一、落丁、乱丁がありました節は、お取りかえします。

ISBN978-4-413-23347-7 C0030